语文教学模式的探索与创新

杨继田　姜佳鑫　唐鸿妍◎著

中国商业出版社

图书在版编目（CIP）数据

语文教学模式的探索与创新 / 杨继田，姜佳鑫，唐鸿妍著. -- 北京 : 中国商业出版社，2024. 6. -- ISBN 978-7-5208-2981-6

Ⅰ. G633.302

中国国家版本馆CIP数据核字第2024C72N42号

责任编辑：郝永霞

策划编辑：佟　彤

中国商业出版社出版发行

（www. zgsycb. com　100053　北京广安门内报国寺 1 号）

总编室：010-63180647　编辑室：010-83118925

发行部：010-83120835/8286

新华书店经销

北京四海锦诚印刷技术有限公司印刷

*

710 毫米×1000 毫米　16 开　12.5 印张　201 千字

2024 年 6 月第 1 版　2024 年 6 月第 1 次印刷

定价：88.00 元

* * * *

（如有印装质量问题可更换）

前　言

语文作为培养学生语言能力、思维能力和人文素养的关键学科，其教学模式的探索与创新一直是教育改革的热点和难点。传统的语文教学模式主要以教师为中心，教学过程侧重于知识的传授和记忆，忽视了学生的主动性和创造性，强调统一标准和统一进度，忽略了学生的个体差异，难以满足学生多样化的发展需求。此外，传统的语文教学模式中的教学手段较为单一，主要依赖于讲授和课本，缺乏与现代信息技术的结合，学生的学习兴趣和参与度不高。随着信息技术的迅速发展，现代教育技术不仅改变了传统的教学手段和方式，也在很大程度上促进了教学理念的变革。语文教学模式的探索与创新既需要理论上的深入研究，也需要实践中的不断总结和反思。通过对语文教学模式全面革新，推动语文教学质量的不断提升，培养具有创新精神和实践能力的新时代人才，是每一位教育工作者的使命和责任。

本书对语文教学模式进行深入的剖析和研究，分析语文教学策略与高效课堂模式，研究语文教学的课型模式及其评价，探究语文教学内容与模式优化创新等方面，不仅注重知识的传授，更强调学生能力的培养和个性的发展。本书内容翔实，论述严谨，在行文上注重理论与实践的结合，既有扎实的理论基础，又有丰富的实践案例，循序渐进地引导读者深入理解语文教学的各个方面。

本书不仅是对语文教学模式的一次全面梳理和总结，更是对未来语文教学改革的一次有益探索。期望本书的出版能为广大语文教育工作者提供有价值的参考和启示，共同推动语文教学的不断进步和发展。在未来的发展中，语文教学模式必将不断创新，为我国教育事业的发展贡献更多智慧和力量。

目　录

第一章　语文教学概论

第一节　语文教学的分类与意义

语文教学是一个民族的母语教育。“母语是民族思想、情感和精神生活的历史记录，是一个民族文化精神的写照。”① 语文教学是由教师和学生共同参与的教学过程，语文教学是有目的的、有教学计划的，而且会从多个角度展开教学，教学涉及多种因素，在具体的实践教学中，师生要通过合作形成教学合力，利用一切教学资源为教学活动的开展提供有益的教学环境，为教学的开展营造更加活跃和谐的氛围，为课堂教学价值的实现打下良好的基础。

一、语文教学的类型划分

长期以来人们进行了多种多样的语文教学的实践，总结了丰富多样的课堂管理经验。下面分析一些比较典型的语文教学类型：

第一，民主型。在民主型教学模式中，教师能够用积极的教学态度认真严谨地对待教学活动，与此同时，教师还能对学生的学习进行适当的引导。这种教学模式下的语文教师既让人感到亲近又让人由衷地尊敬，而且学生也能够更加主动、更加愉快地学习，整体的教学效率有显著的提高。

第二，情感型。对学生进行爱的关怀、爱的教育可以实现教学的不管而管。如果语文教师在走进课堂的时候就满怀着对学生的喜爱、对学生的关怀，表情中自然地流露出亲切的爱意，教学中使用的语言和动作都是亲和的，并且经常表扬学生的进步，发自内心地对学生的优点进行赞扬，那么学生将会受到特别大的情感激发，学生学习的积极性将会得到前所未有的提高。例如，在快要下课的时候，有的同学不自觉地做了一些小动作，教师对这样的行为只是发出了轻微的

① 吴婷婷. 语文教学设计［M］. 西安：西北大学出版社，2021：3.

“嗯哼”，以此来提醒学生，当学生注意到老师的关注之后，老师回以甜蜜的微笑，这会使学生感到羞愧，从而非常专心地听课。分析情感型的教学模式，我们会发现并没有各种值得探讨的技术或技巧，但是这种教学模式又有其明显的特征，学生与教师之间始终有亲切的、温暖的情感传递，无论是教师对待学生还是学生对待教师，都是从亲切、关怀的角度出发，这对语文教学来讲是非常强大的推动力，既能够激发教师的教学热情，也能够提高学生的学习兴趣，对于学生的成长来说是非常有助益的。

第三，教导型。教导型的课堂模式指出，在课堂教学中认真地设计、仔细地实施教学步骤能够解决很多课堂中出现的问题。对课堂进行有效的管理必然能够带来教学效果的提高，所以教师要认真教学，教学内容要与学生的需求相吻合，让每一个学生都能够获得他需要的知识，培养学生的学习兴趣，保护学生的学习积极性。教导型的课堂认为，教师的指导是非常重要的，如果教师能够对教学过程、学生发展作出积极而正确的指导，那么将非常有利于学生的成长。

第四，兴趣型。兴趣型课堂指的是教师能够在教学过程中加入艺术化的教学方法，能激发学生的兴趣，并且能陶冶学生的情操。艺术化的教学方法主要指的是教师在上课过程中使用生动的语言、形象的姿态、书写优美整齐的板书、掌控灵活变化的教学节奏，让学生在欢乐的教学过程中学习知识。也可以说，这种教学模式让教学富有美感，让学生可以体会到教学的美，在这种教学模式中，教师可以通过故事、视频或者有趣的例子引出教学内容，吸引学生的兴趣，然后在后续的教学中使用非常灵活的教学方法启发学生，把学生吸引到教学过程中来，进而实现语文教学的目的。

第五，群体型管理。这种教学模式建立的基础是社会心理学、社会群体动力学，并且依靠这两种学科理论展开管理和教学。理论认为学校教育是一种特殊的群体教学，环境也是特殊的，教师要和学生之间建立有效的积极的关系，这种理论认为课堂群体属于社会系统的一种，并且具备社会系统的特征，课堂群体的建设和管理应该符合社会群体的一些特定条件，教师要做的就是建立和维持社会群体运行需要的条件。群体型教学管理主要强调领导行为、课堂内聚、人际期望以及真诚接纳四个方面的内容。

二、语文教学的现实意义

（一）语文教学是提高教学质量的保证

课堂教学一定要有计划、有规律的开展，所以课堂活动需要遵守秩序和规定，但是课堂并不是一成不变的，经常会有各种突发的问题，也可能会产生矛盾或冲突，有可能会有外来事件的干扰，所以为了保持正常的课堂秩序，教师要及时排除可能干扰教学活动的因素，保证教学活动能够正常有序的开展。规定和秩序对于教学活动来讲是至关重要的，有经验的教师非常注重教学过程的管理，只有做好教学管理才能实现语文教学效果的提升，而且教学管理能够保证教学氛围的和谐融洽，也能够让师生处于和谐的氛围中，进而保证了教学任务的有效完成。

（二）促进语文课堂教学的持续性生长

课堂教学活动的最终目的是促进师生共同发展。“教学相长”在今天看来，其含义就是指教师与学生的相互影响和相互作用会促进彼此的进步。二者的进步当然离不开良好的课堂教学环境，只有课堂在生长，课堂中的人才能得到生长。课堂的生长是课堂中人的生长的前提，同时，课堂的生长又为人的生长创造了条件。促进课堂的生长，增强语文教学管理的指向性功能，也是语文教学管理的基本目标。语文教学管理就是要调动各种可能的因素，激发课堂的活力，发挥其生长功能。如果失去了这一生长功能，课堂气氛就会变得单调，课堂缺乏应有的活力，从而也谈不上促进人的发展。

第二节　语文教学的原则与理论

一、语文教学的基本原则

（一）自组织原则

自组织现象，是指自然或客观事物本身自主地组织化、有序化的过程。对于组织的认识需要我们一开始就假定教师、学生、课程和原料一道进入的是一个全新的场景。对教师来说，语文教学管理的目标是通过什么样的方法使学生能养成自我管理的好习惯，教师并不是在“转让”知识或技巧给学生，而是努力想让学生进入自己的世界，让自己进入学生的世界，因而和学生共享一个世界。

课堂的进展过程实际上就是在寻求新的信息，不断从事与创造有意义的对话，不断实现新的连接的过程。这种过程本身是自然发展着的。但在传统的语文教学管理中，教师常常根据自己的判断试图给课堂加上一些人为的框架，于是课堂并不能很好地与之对应，而必须经常加以限制直至它能管理这些框架，因而在课堂教学管理中容易出现单向的专断性控制。在这种情况下，教师实际上是很难对课堂本身进行管理的。课堂作为一个开放的系统将由于对组织的充分重视或自组织作用的充分发挥而趋向自我完善。

（二）激励性原则

“在目前进行素质教育的过程中，激励性原则是最常用的一种。一般教师在教学的时候使用这种教学原则，能够更好地激发学生的学习兴趣，使学生能够更加投入学习之中。”① 激励性原则就是在语文教学中，通过各种有效手段，最大限度地激发起学生内在的学习积极性和求知热情。贯彻激励性原则，首先要求教师在课堂上努力创造和谐的教学气氛，创造有利于学生思维、有利于教学顺利进行的民主氛围，而不是把学生课堂上的紧张与畏缩看作教师管理能力强的表现。

语文教学的任务之一是培养良好的课堂集体和学生课堂行为，但这并不是一蹴而就的事情，需要长期培育，而最好的方法就是通过不断的鼓励和强化手段，激励学生的进步，满足学生的心理需求，营造积极向上的课堂气氛。为此，在语文教学管理中，需要做到以下方面：

第一，教师要鼓励和提倡积极的个人行为，如刻苦学习、遵守课堂纪律、尊敬师长、互帮互助、不耻下问等。对在这些方面有突出表现的学生应及时给予表扬，因为教师的表扬是对学生行为的肯定，这样，学生就会受到鼓舞，增强信心。

---

① 彭吴佳. 激励性原则在教学中的运用［J］. 小学科学（教师版），2019（1）：139.

第二，教师要用发展的眼光看待每一位学生。现代心理学告诉我们，学生是发展中的人，其生理、心理、知识、能力、自律等都处在发展之中，处于不成熟、不完善的状态，每个学生不论其目前的状况如何，都存在着发展的潜能。教育的责任就在于使学生的潜在可能性向现实可能性发展。因此，教师应该时刻用发展的眼光看待学生，尤其是曾有课堂不良行为的学生，要充分相信他们经过教育培养都能成人成才。

第三，教师要随时关注学生积极的变化，细心发现学生在原有基础上的每一点滴进步，不失时机地给予赞赏，让每个学生都有成功的喜悦，都有其管理能力的成功体验。

第四，对学生的不良课堂行为要宽容，并且进行正确引导，促使其自我克服、自我矫正、自我完善。现代课堂管理理论研究表明，教师对课堂的最大影响就是对学生发展的激励。激励是有效语文课堂教学的核心。

（三）系统性原则

课堂系统是由内在联系的特定要素构成的有机统一的整体。把课堂视为一个系统，其构成因素是较为复杂的，既有物质的，也有非物质的，即精神或是心理上的；既有有形的，也有无形的。这样一个多因素构成的系统，只有在各因素协调一致时，课堂才会产生根本作用。因此，教师作为一个课堂教学的管理者，应具备全局的观念，从系统整体对课堂系统的各个方面进行规划与调整，以便把各种因素有机地协调为一个整体，发挥更有效的功能。出现课堂问题时，要从课堂的整体来分析与把握，从问题与环境，时间、空间与场合，得与失，利与害，个人与集体，社会、历史、现实与未来，自我与非我等多方面的关系中形成一个全面而正确的认识。

（四）反馈性原则

运用信息反馈原理，对课堂管理进行主动而自觉的调节和修正，是反馈性原则的基本思想。语文教学的具体要求的措施只有建立在班级学生思想与学习特点的基础上，才能具有针对性和有效性。这要求教师在教学工作的起始环节——备课过程中，认真调研教育对象的具体情况，分析研究必要的管理对策。我们发现在一般的备课过程中，对语文教学管理的设计是普遍忽视的，致使作为必须参与教学过程的课堂管理缺乏明确的意识导向，甚至影响教学进程或削弱教学效果。

语文教学管理的反馈性原则，还要求教师在课堂教学的过程中，不断运用即时信息来调整管理活动。由于课堂教学是在特定的时空内，面对着的是鲜活的学生，这是一个多因素彼此影响和制约的复杂动态过程，可能会出现各种偶发情况。因此，教师应不断分析把握教学目标与课堂教学管理现状之间存在的偏差，运用自己的教学机制，因势利导，确定课堂管理的各种新指令，作用于全班同学，善于在变化的教学过程中寻求优化的管理对策，而不应拘泥于一成不变的管理方案。

二、语文教学的理论支撑

语文教学虽然是一个实践问题，但却有着深厚的理论基础。如果能依据相关的社会学与心理学进行管理，那么会使教学行为更为合理、有效。

（一）社会学理论

从社会角度看，课堂是一种特殊的社会系统，是一个微型社会，是社会大系统中具有特殊功能的一个小系统。在这个系统中，教师、学生和环境之间不断发生作用，常常也会产生不可回避的矛盾和冲突。社会学的原理与研究对于语文教学管理的启示是很有借鉴价值的。因为课堂亦是一个微型社会，教师与学生在其间彼此共生与互动。这一互动不仅促成了多种多样的课堂景观，而且使课堂呈现出复杂的社会特征。

1. 功能主义理论

功能主义强调社会结构中的每一部分对于社会整体生存所发挥的作用，认为社会的组成及其生存方式同生物体非常类似。此外，功能主义认为，每一个社会都有一共同的文化，这是一种社会成员共享的价值或伦理准则。只有当社会成员之间具有共同的认识、共同的态度和共同的价值观，才能减少社会的冲突，社会才能维持其稳定和谐，才能发展。对于教育而言，就是要使个体社会化，培养人们具有共同的信念、共同的态度和统一的价值标准，使社会的共同价值内化于个体之中，促使社会成员对不断变化的社会在思想、态度方面能保持和谐一致。

功能主义对于语文课堂教学的启示在于：首先，教师要注重课堂中的文化建设，建构共同的信念与价值系统，使课堂成为一个和谐的共同体。为此，教师要有意识地在学生中培植理想与努力方向，建立起明确的目标和共享的价值体系，并对学生如何获取这些价值体系给予足够的关注，对价值系统做持续不断的研究。教师还要善于在宏观背景下组织学生行动，并注重培养行动过程中畅通的交流渠道，通过交流让师生分享活动过程中的经验。这样不仅能够传达课堂中发生的事情，还有助于认识各自的角色及其关系，并最终形成团体的意义，使课堂中的所有成员形成共同的认识与信念。有了这一和谐的共同体，就能减少或避免课堂中的冲突与混乱，形成课堂中的内聚，促进课堂教学的顺利进行。其次，课堂亦是一种微型社会系统，包含着物理、认识、社会、情感等多种因素，这些因素都处于整个系统内复杂相连的各个环节中，任何一种因素的变化都将对整个系统产生影响。同时，其功能的发挥取决于这一系统结构的整体优化。因此，教师在课堂教学的过程中，就要对课堂教学环境进行积极的改造，对各种因素加以调适和整合，使课堂中各种因素结合成一个统一整体，并达成协调一致，从而适应课堂系统的整体而达到平衡。

2. 管理互动理论

管理互动理论是 20 世纪 70 年代后兴起的一种注重对具体情况进行解释性分析的社会学理论，它强调对现实本身的剖析，并重视探讨日常现实的过程和存在于这一过程中的主观目的性与交互作用，这一理论认为人既是行动者，又是反应者，人对外界环境作出反应，不只是物理性的，而更多的是通过语言、手势、表情等这些表达思想的管理作出反应的。对于学校或者课堂而言，它们都是由一个表达一定的社会意义的各种管理所组成的管理环境，学校生活或课堂生活的过程实际上是教师与学生之间以管理为媒介的社会互动过程。在这一过程中，学生了解和解释周围的环境，从而发展自我。

（二）心理学理论

自冯特建立第一个心理实验室以来，心理学的发展为教育教学的科学化发展产生了积极的推动作用。在语文教学环节中也不例外，心理学家桑代克在其《教育心理学》中确立了一种客观的研究精神，将课堂诸现象解释为刺激—反应的联结，以行为主义为代表的心理学对人的行为的关注这一理论研究范式的确立及其在课堂管理中的应用，使课堂管理在科学化的轨道上逐渐走向深入，并在以后的几十年中占据主导地位，成为课堂管理研究的主要理论来源。在 20 世纪 60 年代，由于认知心理学和人本主义心理学在教育理论及教育改革中优势地位的获得，语文教学管理理论产生了一种新的范式的转换，如认知心理学强调从对人的认知分析入手，试图使学生了解语文教学管理的一般规范，理解教师课堂教学管理行为的原因与方法，从而使学生形成自觉的课堂行为，并由认知逐渐形成积极的师生关系，维持与促进课堂秩序，如向学生说明行为的目标，使学生明了其行为与结果之间的逻辑联系，进而产生教师所期望的行为；而人本主义心理学则从对学生的需要、潜能的分析入手，对人的行为产生的原因和发生机制进行研究，进而将这种研究运用于课堂，如格拉塞的现实疗法就强调将课堂建设成一种积极的、富有启迪的教育环境，教师应向学生提供最好的机会去发掘归属感、成就感和积极的自我认同。

心理学的研究范式与研究思路也为课堂管理提供了方法论指导，使课堂管理有了自己的基本理论和研究范式。既然心理学是语文教学管理的主要理论依据之一，课堂教学过程中的心理过程、心理特征及课堂中特有的心理结构必然进入课堂管理首要的研究范畴。教学活动包括人的智力因素和情感、意志、行为、个性倾向性（需要、动机、兴趣、理想等）和个性特点（性格、气质等）等非智力因素的参与，忽视非智力因素或者忽视智力因素都是片面的，都将影响语文教学的操作，甚至影响课堂教学质量。

对于学生来说，课堂上各种科目的教学活动是丰富知识储备，提升学习能力，开阔视野，逐步形成世界观、人生观、价值观的主要途径。语文教学要重视培养学生的核心素养，既要强调语文知识技能的外显功能，还要重视其隐性价值。此外，多年来国内外心理学领域针对人类智力发展的研究已经表明，人的智力水平随着年龄的增长，超过一定的数值之后就很难再出现大幅度增长，此时学生自身具备的非智力因素成为影响教学效果的主要原因。因此，这意味着教师在对学生进行教育的过程中，要同时考虑到不同学生的智力水平，以及其他非智力因素对于培养学生形成适合当前时代发展所必需的知识能力、道德品质、精神面貌和行为方式。

我国教育理论的研究从20世纪80年代开始逐渐关注非智力因素对于人才培养的重要作用，该方面的权威著作有上海师范大学心理学家燕国材教授编写的《非智力因素与学习》、天津师范大学心理学家沈德立教授编写的《非智力因素与成才》等。目前，在心理学领域，非智力因素可以划分为情感发展水平、意志发展程度、道德品质、个性特征四大类，这些因素虽然不直接参与学生形成认知的过程，但是能够对认知过程起到一定的制约作用。

此外，非智力因素对学生综合能力发展的作用主要体现在以下三个方面：一是推动力作用，如世界观、人生观、价值观、兴趣、理想等非智力因素能够帮助学生明确学习活动的目标和方向，使其获得内在的驱动力和坚持不懈的毅力；二是定型化作用，如独立能力、自制力水平、耐力、自觉性等非智力因素能够帮助学生养成固定的良好学习习惯；三是学生的性格特征，如细心、责任感强、勤奋、诚实等，能够在一定程度上弥补学生在知识储备和能力方面的不足。

第三节　语文教学的使命与理念

一、语文教学的具体使命

（一）生命教育使命

对于生命教育[①]的认识有一个不断发展变化的过程，中外教育家们为生命教育提供了丰富的理论成果和思想启迪。生命教育致力于解决青少年在人生发展历程中对于生命价值的探索和理解，帮助他们树立正确的人生观、价值观，在此基

① 生命教育旨在通过教育过程，使学生和社会成员深刻理解和尊重生命，培养其对生命的关爱、保护意识，树立正确的人生观、价值观和道德观，以实现个体的全面发展和社会的可持续发展，具体涵盖生命尊严与平等、生态环境保护、健康生活方式、生命伦理与道德教育、心理健康教育、社会责任与公民意识，以及科学教育与创新精神等多个方面。

础上实现个人的人生价值，促进人与人之间的和谐发展。综上所述，生命教育是一种探索生命价值和意义的教育活动，能够引导学生发现生活中的美好与人性的善良，懂得热爱生命、珍惜生命，从根本上提升学生的人生境界。所以生命教育不仅关注人的身体健康，还关注人的心理健康和人格的健全。生命教育还是一种为了人能更好地适应生存环境，而培养人的生存能力，关注人的美好未来的教育。

1. 语文教学中生命教育的意义

语文教学中实施生命教育有利于丰富学生的语文素养，有利于丰富学生的情感体验，有利于唤醒学生生命意识，激发学生生命的潜能。

（1）有利于丰富学生的语文素养。语文课程的重要目标之一是使每一个学生都能获得现代公民所必须具备的语文基本素养。语文素养包含了言语能力和审美情趣及文化品位，涵盖了生命教育的丰富内涵。生命教育让学生的人格尊严和主观想法得到尊重，学生可以体悟到不同角度不同时代对于生命的不同理解，能够重新认识生命的意义，最终形成学生自己的人生观、价值观。所以，在语文教学中进行生命教育，是对学生的一种人文关怀，也是学生语文素养的一种丰富。

（2）有利于丰富学生的情感体验。语文教育注重情感熏陶感染与学生的独特体验，在语文教学中进行生命教育，让学生与饱含情感的文章作心灵上的对话，可以产生心灵的触动，从而体味到人生的“五味”，体验到生活的丰富多彩，进而能感悟到生命的真谛。因此，生命教育有助于把语文课程中丰富的人文内涵“内化”，能够让学生在纷繁复杂的社会中有良好的适应能力，在生活中能有积极乐观的态度，在人生的道路上有坚韧的生命毅力。

（3）有利于唤醒学生生命意识，激发学生生命的潜能。语文教材中的文学作品在精神领域和生命价值教育方面对学生有深远的影响，在语文教学中进行生命教育，就是让学生受到人文精神的熏陶感染，让学生认识到人的生命力量是无穷的，生命的过程是美丽的，从而唤醒学生的生命意识。在文化知识的获得中，引发他们对生命的进一步思考，在正确价值观的指导下，激发他们努力去发掘生命的潜能，努力实现自己的人生理想，使生命的意义和价值得到体现。

2. 语文教学中生命教育的策略

语文课程中包含许多生命教育的内容，语文教师应抓住教学素材和教学活动中产生的教育教学灵感，在语文教学中渗透生命教育，可以通过以下途径来实现：

（1）依托语文教材，挖掘生命教育的资源。语文教材贯通古今，内容广泛，涉及了地理、历史、政治各方面，涵盖了非常系统全面的人文教育，其中也有关于生命教育的素材。

（2）在阅读教学中，弘扬生命意识。第一，在朗读品味中欣赏生命的灿烂，感悟生命的辉煌，例如《离骚》这篇课文是屈原一生寻求爱国真理并为之奋斗不息的一个缩影，教学时教师应指导学生朗读这些用血泪写成的文字，感受屈原追求理想、保持节操、九死未悔、忧国忧民的高尚品德和爱国情怀，并产生共鸣，学生在朗读中感动领悟，并受到精神的震撼，从而产生对生命的敬畏和欣赏；第二，在阅读教学中咀嚼生命的价值，关注对生命质量的提高。成功的文学作品，大多是尊重生命，反思生命的典范。从生命的视角审视这些作品，有利于达到生命教育的目的——唤醒生命意识，提升人的生命价值。

（3）引入课外活动，感悟生命的真谛。开展与生命教育有关的实践活动，能够让学生更直观地了解到生命的价值。语文教师可结合时代和社会发展的要求，适时引入鲜活的课外活动，注入新的内容，使教学内容不断丰富和发展。例如，中国教育电视台电视散文《子午书简》栏目，选取贯通古今的优秀文章选段，邀请名家进行朗读，并且就主人公所处的历史时期和文化背景，来品读人物性格和思想感情。语文教师可以在教学之余，或课堂亲身演讲当中桥段或介绍给学生观看。再如，从杜甫的《春夜喜雨》到朱自清的《春》，学生可以联想到踏青的喜悦；从冰心的《谈生命》到臧克家的《有的人》，学生又在感悟着生命的价值。学生在学习的过程中受到优秀传统文化的浸润和熏陶。这样，师生之间的关系会更加融洽与和睦，和谐美好的校园环境会重新建构。此外，还可以充分利用广播、电视、网络等现代化的教学手段，积极开展辩论、演讲、办手抄报、读书报告会、研究性学习等活动，让学生在活动中体验快乐，感悟失败，收获书本之外的人生经验。

（4）改变评价学生的方式，让学生得到整体的和谐发展。以往的评价机制是仅仅凭借学生学习成绩来定义学生的好坏，这不利于学生的生命成长。教育的目的是培养有知识、有文化、有情怀、有温度的优秀人才。一个优秀的学生，除了学习成绩优异，还应热爱自然、热爱生命，对集体友爱，对他人温暖善意，对生命充满敬畏。所以应改变评价学生的方式，语文教学中应该融入更加多样化的评价内容，例如说综合素质、个人能力等，激励学生更加全面地发展。

（二）文化使命

新时代，正确认识中华文化的传承与理解问题，不仅关系到当前教育发展的大问题，也关系到中华民族伟大复兴，屹立世界民族之林的大问题。建设社会主义文化强国，增强国家文化软实力，实现伟大复兴的中国梦，就要从中华传统文化中寻找实现民族凝聚力和创造力的不竭源泉。语文教学的重要任务就是引导学生学习中华优秀传统文化，增进对中华优秀传统文化的理解，增强文化自觉和文化自信，更好地继承和弘扬中华优秀传统文化。

1. 语文课堂是传承文化的主要阵地

语文学科教学是传承和理解中华优秀传统文化的重要途径，而语文课堂自然也就成为解决这一问题的关键。学生通过学习祖国语言文字，体会中华文化的博大精深、源远流长，体会中华文化的核心思想理念和人文精神，增强文化自信，理解、认同、热爱中华文化，继承并弘扬中华优秀传统文化。在这个问题上，语文课堂具有其他学科无可比拟的优势。

工具性与人文性的统一，是语文课程的基本特点。就工具性而言，语言文字教学是语文课堂教学的基础，是准确地理解传统文化的前提和基础。语文课堂的首要任务是语言的理解和传承。通过语言实践，积累语言经验，把握语言规律，培养语言运用能力，这是语文课堂的核心。在语文课堂上，关注词汇、句子、语法和修辞的教学，在字词句的辨析中，深刻理解中华文化优秀传统的精要，这是传承文化最直接、最生动的方式。就人文性而言，课堂教学面对的是人，是对人的教育，是人性教育也是人文教育，包括人的尊严、价值、个性、理想、观念、品德、情操等方面，它关注的是学生生命个体的发展。而语文课堂看重的就是语文学科的内在价值，站在文化和哲学的高度，理解传承中华文化的知识汲取、经验积累，进而获得思想涵养、情操陶冶等高层次的人文体验。

2. 语文教学是当代文化生活的连续反映

在文化理解与传承过程中，语文教师还要注重课堂教学中实践与应用手段的灵活性，让传统文化有机地汇入现代生活，融入现代气息，才能使其具有活力，才能真正作到文化的理解与传承。当前的学生不喜欢学习传统文化作品，原因就在于课堂教学割裂了传统文化与现代生活的联系。学生的心智尚未成熟，对新事物有着较大的好奇，而语文教材中的经典篇目大都离学生生活较远，学生的阅历无法支持他们对传统经典的理解。再加上网络文化等的现实环境对经典文化的冲击，都消解了当代学生的审美观和价值观。这就要求教育者在课堂教学中注重实践与应用，结合时代特点，把传统文化的精髓汇入现代生活，用学生乐于接受的方式进行教学，才能使传统文化产生强大的生命力，实现传统文化的理解与传承。

例如，中国古典诗词是中华文化宝库中的瑰宝，具有独特的文化魅力，但因其离学生生活较远，给人以艰涩难懂的感觉，所以古典诗词的教学一直是语文教学的难点。教师在教学过程中就要采用灵活多变的教学手段，让学生走进古典诗词，而不是简单机械的课文讲解。例如，可以将诗词转化成学生的生活体验，古人善于感受天地万物的变化，有很多关于时光季节变化的诗词，这是教师可以很好利用的教学素材。春天来了，可以让学生吟诵“沾衣欲湿杏花雨，吹面不寒杨柳风”，体会春的暖意；夏天将至，可以品味“绿树阴浓夏日长，楼台倒影入池塘”夏的浓艳；秋天来临，可以体味“庭前落尽梧桐，水边开彻芙蓉”的凉意；冬日时分，可以感受“明月照积雪，朔风劲且哀”的清寒。让诗词的华美融汇到学生生活的点点滴滴，在潜移默化中体会诗词的魅力。

总而言之，文化的传承与理解离不开语文课堂，功在当今，利在千秋。理解本民族文化，并自觉传承发扬民族文化，这不仅是语文课堂教学的要求，也是发展中国特色社会主义教育事业的核心所在，是培养德智体美全面发展的社会主义建设者和接班人的本质要求。语文教师应该主动承担起理解与传承中华文化的责任，采用恰当的教学策略，引领学生感受中华文化的精美与魅力，提高学生对中华传统文化的理解度和认同度，提升他们的文化视野、文化自觉和文化自信，进而树立积极向上的人生理想，增强为民族振兴而努力的使命感和社会责任感。

二、语文教学的多维理念

（一）人本理念

人本理念的核心是以人为本，在教育过程中就是以学生为本。在语文教学中，学生不仅是教育的对象，更是主动学习的主体，语文教师应该以学生为本，关爱学生，一切以学生的健康成长为重。关于语文教学中的人本理念，可以从以下两方面进行理解。

1. 教师视野的人本理念

教师视野的人本理念，是指教师对学生的人文关怀，也是人们经常主张的教师应该关爱学生、爱护学生的教育精神。在现实生活中，人们经常听到教师体罚学生、打骂学生的现象，而且这种现象屡禁不止，并成为社会广泛关注的问题。在这种社会背景下，提倡教育的人本理念具有重要的意义，不仅对于提高教师的道德水平，而且对于学生的健康成长都具有重要的作用。具体到语文教学上而言，关爱学生、爱护学生、以学生为本不仅是现代语文教育的基本理念，也是语文教师应该履行的基本义务。

2. 学生的人本理念教育

教育的人本理念不仅存在于教师的思维之中，也同样存在于教师对学生的教育过程之中。可以说人本理念的最大价值追求就是实现教育的人本化和提高学生的人本思想水平。如果一个学生只具有应试的能力而没有最基本的人文关怀，那么这样的学生走到社会之中也会因为缺乏人本思想而被社会所淘汰。所以，树立学生的人本观念就需要教师平时对学生进行人本教育。在语文教学中，教师应该在课堂教学过程中适当引入人本观念的思想，加强对学生的教育，让学生懂得以人为本的思想，从而懂得自爱、关爱他人。

（二）民主理念

民主是指主体之间的互相尊重与互动，理性倾听各方意见，进而达成共识的一种理念。因此民主实际上有两个方面的意思：一是指主体之间的平等，如果没有平等的主体地位，主体之间就不可能进行平等的对话与交流；二是指包容的心态，也就是说主体之间的交流应该抱着理性的态度，对于不同的意见和观点应持包容的心态。

在语文教学中，民主理念也有两个层面的内涵：一是教师民主，二是学生民主。所谓教师民主是指学校管理体制对教师的民主，学校管理体制有别于行政体制，所以应该具有更大的民主和自由，学校对教师的管理应本着一种服务的态度而不是命令的态度。所以推进教师民主最关键的着力点是学校教育体制的民主化，让语文教师在学校管理之中感受到民主的气息。

所谓学生民主一般上是指课堂上的民主和教学过程中的民主，这种民主存在于教师与学生之间。教师与学生之间并非命令与服从的上下级关系，教师与学生的关系是一种平等的师生关系，教师与学生的主体地位平等，所以教师应该尊重学生的主体地位。在语文教学过程中，语文教师应鼓励学生参与课堂互动，提高学生参与语文教学过程的积极性，在语文教学课堂中形成一种具有学生民主的氛围。

（三）科学理念

科学，一般是指对事物的内在联系和规律的抽象认识。语文教学中的科学理念可以理解为：把握语文教学的内在联系，遵循语文教学的客观规律。从以下两个方面来理解科学理念的具体内涵。

1. 教师教学理念的科学化

语文教学是语文教师进行语文课程相关内容教学的过程，这个定义首先就凸显了教师的作用，如果教学过程缺乏教师的参与，那么这种过程就不能叫作教育。所以，教育必须强调教师的作用，而教师参与教学过程又是在教学理念的指导之下进行的，如果没有科学的教育理念的指导，那么教师就很难开展科学的教学，教学的效果就很难称得上成功。因此，要推进科学的语文教学必须具有一支在科学教育理念指导下的教师队伍，只有努力培养教师的科学的语文教育理念，提高教师的科学的语文教学水平，那么语文教育才可能进一步实现教学的科学化。

2. 语文教育手段的科学化

教育手段一般是指教学过程中借助的教学工具，教学手段的科学化实际上就是教学工具的科学化，一般是指教学辅助工具、多媒体设施、图书馆的科学化。教育的科学化不仅仅是指教师队伍的现代化与观念的科学化，更离不开科学化的教育手段。教师传递知识一般都要借助一定的教学手段和设施，教学手段和设施的现代化、科学化水平在一定程度上影响着教学效果。所以，提倡语文教育的科学化，那么语文教育手段和设施就得同时实现科学化，如利用科学的样板书、多媒体设施等。

第四节　语文教学的有效性分析

随着国际国内发展形势的快速更迭，深化课程改革是我国教育发展的必然之路，摒弃传统课堂“老师讲，学生听”这一僵化的教学模式，广泛应用“少教多学”这一教学理念，让学生成为课堂的主导者，让学生掌握学习的主动权。例如，教授同一篇文言文课文，教师在传统的课堂上只是带领学生逐字逐句进行通篇讲解，而在教育改革背景下的课堂上，学生可以进行辩论、展示等活动对教师课前针对课文提出的问题作出解答，发表自己的感想，并提出新的问题，这一模式相比于前者，能够不断发掘学生的潜能，使学生实现自主学习、探索式学习和终身学习。

一、创设有效情境，营造宽松课堂氛围

当前社会发展的特点和时代人才培养的需要，要求语文教学必须要以新的面貌、新的姿态来面对新的挑战。从课堂教学模式层面看，传统的教学方法主要是

讲授法，虽然这种模式能够有效地进行整体教学，但是由于学生只是被动地接收知识，会导致教师忽视学生之间的个体差异，不利于培养学生的创新能力和学习能力。在新课程改革的倡导下，教师要转变教学模式，通过教学内容为学生创建有效情境，丰富课堂活动，让学生掌握课堂的主动权，敢于提出新问题、新想法，将语文知识和实践有效地结合起来，让语文教学展现其真正的生命活力。

二、以问题为纽带，带动学生进行创新

新课程改革把培养学生具备创新能力和探究能力作为教育的目标之一，要求教师不断创新课堂教学方法，丰富课堂教学活动，正确引导学生成长。由于创新能力不是通过简单学习课本上的知识就能获得的，而是一种需要在教师的正确引导下经过长时间训练、培养才能形成的能力。因此，教师在培养学生创新能力和探究能力时，要重视以下两个要点：一是注重培养学生的主动意识，教师通过设置既囊括了课本知识，又能激发学生主动进行思考行为的问题，能够逐步引导学生充分发挥主观能动性，开阔思路，掌握分析和解决问题的方式方法；二是重视教学过程中引导学生行为活动的功能作用，在教学活动和与学生的日常交流中，教师要向学生传达创新能力对于个人和社会发展的重要作用，引导和鼓励学生在学习实践中不断创新，提出新问题、新想法；三是重视教学评价的功能作用，教师要及时对学生的创新思想和相关的行为活动，给予一定的认可，增加学生的信心，教师还可以在此基础上，加以深度指导，使学生能够更深刻地体会到创新能力的积极影响。

三、引导学生进行自主与合作深入探究

学生能够针对问题和知识进行深入探究，一方面离不开学生的主观能动性的发挥，另一方面学生之间、学习小组之间合作交流也非常重要，这种沟通能够让学生认识到自己不足，发现其他同学身上的闪光点，互相学习，互相监督，实现共同进步。以语文作文教学为例，传统的教学模式是将语文作文的相关知识分散成一个个的考点，逐一借助案例进行讲解，这种程序化和格式化的教学模式会使学生失去阅读的兴趣，感受不到写作的乐趣。而如果教师让学生互相点评各自的

作文，交流各自的阅读感受，针对作文中存在的问题提出对应的解决方案，不仅可以活跃课堂气氛，增加每个学生的课堂参与度，还可以提高学习效率，高效利用简短的课堂时间。

四、完善对学生与课堂有效的评价体系

要想达到最佳的教学效果，一方面教师要能够将丰富、正确、深度的知识循序渐进地传授给学生，另一方面教师要重视师生之间及时的双向评价。首先，学生对于课堂教学做出的客观评价，有利于教师根据学生的反馈及时对教学计划加以调整。其次，教师在课堂教学过程中，及时对学生的课堂表现通过肢体动作、语言表达、眼神传递等途径给予反馈和评价，传达的信息可以是积极的认可或赞扬，也可以是带有惩罚意味的批评或否定，这种双向评价有利于教师充分掌握不同学生的学习进度，因材施教，高效利用课堂时间。此外，新课程改革背景下的教学评价，要求教师不仅要关注学习成果，更要注重每个学生的学习过程，将学生在解决问题时展现出的合作能力、沟通能力、自学能力、创新能力等因素进行综合评价。

第二章 语文教学的课程体系构建

第一节 基于核心素养的语文课程体系构建

“《义务教育阶段语文课程标准（2022 年）》（以下简称《课标》）要求，学生语文核心素养的培养，要从文化自信、语言运用、思维能力和审美创造等方面入手。语文课堂的教学活动必须从学生的素养培养出发，进一步培养学生在学习活动中乐于探索和勤于思考的习惯，能初步运用比较分析、概括和简单推理等方法展开思维活动。”① 核心素养是指个体在面对复杂多变的环境时，所应具备的关键能力、必备品格和价值观念。对于语文学科而言，核心素养的培养不仅关乎学生的语言文字能力，更关乎其思维品质、文化修养和审美情趣的提升。因此，构建基于核心素养的语文课程体系显得尤为重要。

一、核心素养在语文课程中的具体体现

第一，语言建构与运用：语文课程的首要任务是培养学生的语言建构与运用能力。这一核心素养的培养，旨在让学生具备扎实的语言基础，能够准确、流畅地表达自己的思想和情感。首先，语文课程应注重培养学生的语言感知能力，让学生能够敏锐地捕捉到语言中的细微差别和深层含义。其次，通过阅读理解、写作训练等活动，培养学生的语言理解和分析能力，使学生能够深入理解文本，准确把握作者的思想意图。同时，还要注重培养学生的语言创新能力，鼓励学生在语言表达中展现个性和创意，形成自己独特的语言风格。这种语言建构与运用能力的培养，不仅有助于学生在语文学习中取得优异成绩，更能够为他们未来的职业发展和社会交往打下坚实的基础。

第二，思维发展与提升：语文课程在培养学生的思维发展与提升方面也具有

---

① 姚晓丽. 核心素养视域下语文阅读教学实践［J］. 文理导航（上旬），2024（6）：94.

重要作用。通过文本阅读、写作训练等活动，语文课程能够培养学生的逻辑思维能力、批判性思维能力和创造性思维能力。在阅读过程中，学生需要运用逻辑思维来梳理文本信息，理解作者的观点和论证过程；在写作过程中，学生需要运用批判性思维来审视自己的观点和论据，形成独立自主的思维方式。同时，语文课程还鼓励学生发挥想象力，进行文学创作，从而培养学生的创造性思维能力。这种思维发展与提升的培养，有助于学生在面对复杂问题时能够独立思考、理性分析，形成自己的见解和解决方案。

第三，审美鉴赏与创造：语文课程在培养学生的审美鉴赏与创造能力方面也发挥着重要作用。通过文学作品的学习，学生能够感受到美的力量，提升审美品位。同时，在文学作品的启发下，学生能够发挥自己的想象力，进行文学创作，表达自己的情感和思考。这种审美鉴赏与创造能力的培养，不仅有助于学生在语文学习中领略到文学之美，更能够为他们未来的艺术创作和人生追求提供灵感和动力。

第四，文化传承与理解：语文课程还承载着传承和弘扬中华优秀传统文化的重任。通过经典诵读、文化探究等活动，学生能够深入了解中华文化的博大精深，增强文化自信。同时，语文课程还引导学生关注世界多元文化，培养跨文化理解和交流能力。这种文化传承与理解的培养，有助于学生在全球化背景下更好地融入国际社会，成为具有国际视野和跨文化交流能力的优秀人才。

二、基于核心素养的语文课程体系构建策略

（一）确立课程目标

基于核心素养的语文课程体系，首先要明确课程目标，确保课程内容的针对性和实效性。这一课程目标应当紧密围绕核心素养展开，即语言、思维、审美和文化四个方面。具体而言，语言方面应注重培养学生的听、说、读、写能力，使其能够熟练运用语言进行交流；思维方面应强化学生的逻辑思维能力、批判性思维和创造性思维，培养他们独立思考和解决问题的能力；审美方面应增强学生的审美意识，培养他们欣赏和创造美的能力；文化方面则应使学生深入了解中华优

秀传统文化，增强文化自信，形成正确的世界观、人生观和价值观。

（二）优化课程内容

为了实现上述课程目标，语文课程内容的选择和整合至关重要。在文本的选择上，我们应注重经典性、时代性和多样性。经典性文本能够传承中华优秀传统文化，帮助学生树立正确的价值观和人生观；时代性文本则能反映当代社会风貌，引导学生关注现实、思考未来；多样性文本则能拓宽学生的视野，激发他们的学习兴趣。在教学内容的组织上，我们应关注学生的主体性和实践性，让学生在实践中体验、感悟和成长。例如，可以通过开展课外阅读、写作训练、课堂讨论等活动，让学生主动参与到学习过程中来，提高他们的学习效果。

（三）创新教学方法

教学方法是实现课程目标、优化课程内容的关键环节。基于核心素养的语文课程体系应以学生为中心，注重启发式、探究式和合作式教学。启发式教学能够激发学生的学习兴趣，培养他们的自主学习能力；探究式教学则能让学生在探究过程中发现问题、解决问题，提高他们的实践能力和创新精神；合作式教学则能培养学生的团队合作精神和沟通能力。此外，教师还应善于利用现代信息技术手段，如多媒体教学、网络教学等，丰富教学手段和形式，提高教学效果。同时，教师还应关注学生的个体差异，因材施教，让每个学生都能得到充分的发展。

（四）完善评价体系

评价体系是检验课程目标是否达成、课程内容是否优化、教学方法是否有效的重要手段。基于核心素养的语文课程体系应构建全面、客观、多元的评价体系。评价内容应包括语言、思维、审美和文化四个方面，以全面反映学生的核心素养发展水平。评价方式应多元化，包括自我评价、同伴评价和教师评价等，以获取更全面的评价信息。评价结果应及时反馈给学生，帮助他们了解自己的优点和不足，明确努力方向。同时，教师还应根据评价结果对课程内容和教学方法进行调整和优化，以不断地提高教学质量和效果。

基于核心素养的语文课程体系构建是一项系统工程，需要我们从课程目标、内容、方法和评价等多个方面入手进行探索和实践。只有这样，我们才能真正培养出具备核心素养的优秀人才，为国家的繁荣富强和民族的伟大复兴贡献力量。

第二节　基于网络化的语文课程体系构建

一、基于网络化的语文课程构建策略

在网络教学模式下，教学资源十分丰富，为学生“自主发现，自主探索”的学习方式提供了良好的条件。学生不仅可以在教师的指导下掌握教学内容，还可以利用网络主动地获取无限的相关知识，并能不断地提出新问题，进行选择性学习，促进对已有知识的巩固。例如，语文阅读本身非常考验学生的自制力，是需要阅读兴趣参与其中的课程，因此在实际的语文阅读教学过程中，应当培养学生良好的语文学习习惯，这样才能有效提升语文阅读教学的效果。基于网络化的语文课程教学策略主要包含以下方面：

第一，学习目标的制定与评估。在设计基于网络化的语文课程教学策略时，需要明确学习目标。学习目标应该与语文课程目标相一致，并具有可衡量性。通过明确学习目标，可以引导教师选择合适的教学方法和评估手段，促进学生的学习效果和能力提升。

第二，教学内容的选择与组织。在基于网络化的语文课程教学中，教师可以选择丰富多样的教学资源和材料，包括网络课程、在线文献、教学视频等。教师应根据学生的学习需求和实际情况，合理组织教学内容，确保内容的连贯性和可操作性。

第三，学习资源的开发与应用。教师可以通过构建在线学习平台、教学网站、虚拟实验室等手段，开发丰富多样的学习资源，这些学习资源可以包括教学视频、课件、练习题、学习导引等，以满足学生在不同学习阶段的学习需求。同时，教师还可以鼓励学生主动参与学习资源的开发，如进行在线合作项目、个人

作品展示等，提高学生的参与度和创造力。

第四，教学方法的运用与创新。网络化教学为教师提供了多种教学方法的选择，如在线讨论、案例分析、多媒体展示等。教师应根据学生的学习特点和目标，灵活运用教学方法，激发学生的学习兴趣和探究精神。

第五，评估与反馈机制的建立。基于网络化的语文课程教学策略中，教师应建立科学有效的评估方法和反馈机制。评估方法可以包括在线作业、学习记录、项目评估等，用于检验学生的学习成果和进展。与此同时，教师还应及时提供个性化的反馈和指导，帮助学生发现问题、改善学习方式，并根据学生的反馈调整教学策略，不断优化教学效果。

二、基于网络化的语文课程体系设计

（一）设计要求

第一，课程目标的明确性。基于网络化的语文课程设计应明确具体的课程目标，旨在培养学生的语言应用能力、表达能力和批判性思维能力。课程目标的明确性有助于教师和学生共同明确学习的目标，实施有针对性的教学活动。例如，课程目标可以包括提高学生的口头表达能力、促进学生的阅读理解能力以及培养学生的写作能力。明确的课程目标能够使学生有清晰的学习方向，促进学习的深入和有效。

第二，内容的贴合性与实践性。基于网络化的语文课程设计应贴合学生的实际需求和职业发展方向，使课程内容与学生的生活和职业实践相结合。同时，课程设计应注重实践性，通过项目案例、实际操作等形式，激发学生的学习兴趣和实践能力，培养学生解决问题的能力和创新思维。

第三，教学方法的多样化和灵活性。基于网络化的语文课程设计应注重教学方法的多样化和灵活性，以适应学生多样化的学习方式和需求。传统的教学方法可以与网络化教育相结合，创设丰富多样的学习环境和学习资源，如在线讨论、虚拟实验、多媒体教学、互动游戏等。与此同时，还可以采用个性化学习的策略，根据学生的兴趣、学习风格和学习进度，为他们提供个性化的学习支持和资源，这样可以激发学生的学习热情，提高他们的参与度和自主学习能力。

总而言之，基于网络化的教学还可以通过创新的评估方式来促进学生的学习效果和能力发展。传统的考试方式可以结合在线测验、作业提交及互动讨论，综合评估学生的知识掌握、应用能力和思维能力。此外，通过教学平台和学习管理系统可以实时跟踪学生的学习进展和表现，及时提供反馈和指导，以帮助学生不断提升自己的学习水平。

（二）设计内容

1. 教材设计

随着互联网的快速发展和普及，网络已经成为人们获取信息、交流和学习的主要平台之一。在这一背景下，语文教育也面临着新的机遇和挑战。传统的教材内容已经无法满足学生的学习需求和职业素养的培养，因此，在网络化环境下，教材的选题和内容应更加贴近学生的学习需求和职业发展。

（1）网络化的语文课程教材的选题应基于实际的职业环境和场景。传统的教材内容通常以传授知识为主，往往缺乏与实际职业发展紧密相关的内容。而在网络化环境下，教材的选题应与学生职业发展密切相关，涵盖职业技能、职业素养和职业发展规划等方面的内容。例如，在酒店管理类专业中，可以选取涉及酒店管理、客户服务和团队协作等方面的案例和实践活动，使学生能够在学习过程中了解和应用真实的职业技能。

（2）网络化的语文课程教材的内容应强调实践导向。传统的教材内容通常以理论知识为主，缺乏实践应用的机会。而在网络化环境下，教材的内容应重视培养学生的实践能力。通过模拟练习、案例分析、实地考察等形式，让学生能够在真实的情境中运用所学知识和技能。例如，通过模拟酒店前台接待客人的情境，要求学生运用所学的语言表达和沟通技巧与客人进行交流，培养学生的实际操作能力。与此同时，教材内容也应利用网络资源，提供丰富的多媒体资料和互动学习工具，拓宽学生的学习途径和方式。

（3）网络化的语文课程教材的选题和内容还应具有开放性和多样性。学生的兴趣和需求各不相同，传统的教材内容往往无法满足学生的多样化需求。而在网络化环境下，教材应注重开放性和多样性，兼顾不同学生的兴趣和需求。教材应提供多样化的学习资源和案例，以激发学生的学习兴趣和主动性。例如，在教授文学作品时，可以选取不同类型的文学作品，涵盖小说、诗歌、散文等不同形式的文学作品，以满足学生的多样化需求。同时，教材还应充分考虑不同地区、不同行业的差异性，为学生提供针对性强、灵活多样的教材内容。例如，在不同地区的酒店管理教学中，可以根据当地的特色和需求，选取与当地行业配套的案例和实践活动，让学生能够更好地理解和应用所学知识。

（4）网络化的语文教材选题和内容还应注重培养学生的综合素质和创新能力。传统的教材内容往往只注重传授基础的语言文字知识，忽视了学生综合素质和创新能力的培养。而在网络化环境下，教材的选题和内容应兼顾学科知识和综合素质的培养。除了传授基础的语言文字知识外，还应包括培养学生的批判思维、沟通能力、团队合作能力、创新意识等方面的内容。例如，在讲授一篇文学作品时，可以引导学生进行问题解决、项目设计、文献研究等实践活动，培养学生的综合能力和创新思维。更好地满足学生的学习需求和职业素养的培养，推动语文教育的发展和创新。

2. 目标设计

基于网络化的语文课程目标设计主要包含以下方面：

（1）提高语言运用能力。基于网络化的语文课程教学目标设计应注重提高学生的语言运用能力，包括口头表达能力、书面表达能力、阅读理解能力以及听力理解能力等。通过网络化教育平台，学生可以进行在线口语练习、写作训练和阅读理解练习，提高他们在职场中有效沟通和表达的能力。此外，可以通过模拟实践和案例分析等形式，让学生将所学的语言知识应用到实际情境中，提高他们的实际应用能力。

（2）培养专业素养。语文教育应紧密结合学生所学专业的特点和要求。例如，在商务类专业中，可以设置商务英语会话、商务写作等内容，培养学生在商务领域的语言表达能力和跨文化交际能力。同时，还可以通过职业案例分析和模拟实践等形式，让学生了解并熟悉相关专业知识和职场实践，培养其专业素养和应用能力。

（3）促进跨文化交际。在全球化背景下，跨文化交际已经成为职场中不可忽视的重要能力。通过网络化教学平台，可以让学生接触不同国家和地区的语言和文化，了解不同文化之间的沟通和交际方式。此外，可以开展跨文化交际的模拟活动，通过角色扮演和互动讨论等方式，让学生在虚拟环境中体验跨文化交际的挑战和技巧，提高他们的跨文化交际能力。

学校在进行基于网络化的语文课程教学目标设计时，一方面，要明确课程目标，该课程的目标是培养学生的商务语言能力和跨文化交际能力。通过网络教育平台，学生可以在线学习商务英语口语和写作技巧，并进行实时互动和练习。课程通过专业资料的阅读和实例分析，注重培养学生的商务沟通技巧和交际能力，使其能够在实际工作中熟练运用所学的语言知识。另一方面，要贴合实践内容，课程内容包括商务口语会话、商务写作、跨文化交际等方面。通过学习商务实例、案例分析和模拟沟通等活动，学生在网络化的学习环境中能够更好地理解和应用所学的语言知识。此外，在课程中设置虚拟商务会议和实际商务交流的模拟，让学生能够实践所学的语言技能，加强实践能力和实际操作能力。

总而言之，基于网络化的教育模式为语文教学目标的设计提供了新的机遇和挑战，应注重提高学生的语言运用能力、培养专业素养和促进跨文化交际能力三个方面，以全面培养学生的综合语言能力和职业素养，从而更好地满足学生的学习需求和就业需求。

3. 内容设计

基于网络化的语文课程内容设计应遵循以下方面：

（1）实践导向。现代职业要求通过网络化教学平台，可以模拟真实的职业情境，让学生在虚拟环境中进行实践操作和应用，培养他们的实际操作能力和解决问题的能力。例如，在商务类专业中，可以设计商务谈判案例分析和商务演讲模拟活动，让学生在虚拟环境中体验商务场景的挑战，并针对性地提供指导和反馈，使学生能够逐步掌握实际工作中所需的语言技能和应用能力。

（2）跨学科融合。现代职业要求人才具备综合素质和跨学科能力，因此语文教育内容设计应突破传统的学科界限，引入相关的学科知识和技能。通过网络化教学平台，可以与其他学科进行合作，设计跨学科的教学项目和任务。例如，在设计类专业中，可以与美术或设计学科合作，开展关于设计理论和艺术表达的讨论和实践活动，在培养学生语言表达能力的同时，还能够丰富学生的审美意识和创新思维能力。

4. 策略设计

基于网络化的语文课程教学策略设计应遵循以下方面：

（1）互动性。传统的教学模式往往是教师主导的，学生被动接受知识，而网络化教学平台提供了丰富的互动功能，使教学变得更加灵活和多样化。教师可以通过在线讨论、小组项目和实时问答等形式与学生进行互动，在教学过程中引导学生积极参与，激发学生的兴趣和思考，提高他们的学习效果。与此同时，学生之间也可以通过网络化平台进行互动交流，分享观点和经验，增进彼此之间的学习和合作。

（2）自主学习。基于网络化的语文课程教学策略设计应注重自主学习。现代职业要求人具备自主学习和持续学习的能力，而网络化环境提供了学生自主学习的机会和支持。在网络化教学平台上，学生可以随时随地访问学习资源，按照自己的学习节奏进行学习。教师可以设立学习任务和项目，激发学生的自主学习兴趣和动机。同时，网络化平台还可以提供自主学习的支持和指导，如学习路线图、学习社区和学习辅导等资源，帮助学生培养自主学习的能力和习惯。

（3）个性化。网络化教学平台提供了个性化学习的机会。语文教师可以根据学生的学习情况和反馈，制订个性化的学习计划，帮助他们在自己的学习节奏下进行学习。通过在线评估和反馈系统，教师可以及时了解学生的学习进展，发现学生的优势和不足，并提供针对性的辅导和指导。此外，网络化平台还可以提供个性化的学习资源，如在线课程、教学视频和个性化的练习题，以满足不同学生的学习需求。

三、基于网络化的语文课程教学评价

教学评价是指以教学目标为依据，制定科学的标准，运用一切有效的技术手段，对教学活动的过程及其结果进行测定、衡量，并给予价值判断，从而为教育决策提供依据，以改进教育服务的过程。随着课程改革的深入，以学生发展为本成为人们的共识。为了多角度考查学生的语文素养和综合能力，促进学生全面发展，教学评价从理念到方法都在发生相应的转变。将现代教育技术思想和手段引入语文教学评价，一方面可以对传统测验评价方法进行优化改造，提高其效率和吸引力；另一方面能提供电子档案袋、量规等新型评价方法，加强对学生学习过程和能力表现的关注，促进学生自我评价能力和终身学习意识的培养。

（一）测验评价

如果评价目的是了解学生认知目标的达成度，常用且高效的评价方法是测验，试卷是最常见的测验工具之一。作为一种定时、定量的评价工具，使用试卷进行评价一直是教学评价的主体。

1. 测验的设计及运用

在利用试卷进行测验时需要明确测验目的，是选拔分组，了解学生语文学习中的困难，还是获得教学的反馈信息等。不同的测验目的和形式与试题的类型有密切关系。试题内容应该是教学内容的抽样，具有较高的代表性。一份好的测验试卷要尽可能包括教学目标中规定的各个层次的认知能力。

试卷中的题目通常分为必答题和选答题两大类。必答题是指用文字等对给定题目提供正确答案的试题，通常包括填空题、阅读理解题和作文题等。选答题是在题目附带的两个以上答案中选择正确答案的试题，一般有是非选择、多项选择、配对、组合等类型，这两大类试题各有利弊，互为补充。总体而言，在评价较高层次的理解能力、归纳推理能力、组织和表达能力方面，必答题（填空题除外）比选答题效果好一些；在评价较低层次的知识记忆和判断能力方面，选答题比必答题效率高一些。在出题技巧方面，必答题比选答题容易掌握；在判断和反馈正误方面，选答题比必答题容易处理。

除了基于标准化试题的试卷测验，利用多媒体教学软件或具有交互功能的网站平台辅助测验也比较常见，这种测验通常指向学习过程，以形成性评价为主，通过多媒体和网络搭建出良好的人机交互学习环境，向学习者提问并要求做出及时反应，通过提问、回答和机器的评价反馈促使学习者思考和操练，达到加深理解，巩固知识的目的。目前，基于人工智能技术的智能题库已经成为语文教学的一个重要发展方向。

2. 技术支持与测验工具

在编制标准化试卷方面，使用文字处理软件（如 Word、WPS）中的模板功能，可以方便地将基本的试卷格式存储起来，便于反复使用。随着信息技术的发展特别是数据库功能的完善，自动生成试卷越来越普遍。近年开发的网络教育平台中，通常内嵌一个试卷生成系统，使教师通过网络平台，以标准化试题的形式了解学生认知目标达成情况，很多系统还附带强有力的数据分析功能，便于成绩的统计汇总。一些免费、独立的试卷生成器也可以帮助教师轻松制作测试题。教师只需要一次性将考试题目录入题库并对其进行分类，系统可以快速方便地生成所需试卷，如试卷生成系统、Quiz Star、试卷王、Easy Test 等，Quiz Star 还为教师网上的标准化测试提供了方便，学生在网上完成测试后可以得到即时反馈，因而也成为学生自评的好工具。

（二）档案袋评价

学生成长记录袋或档案袋是指用以显示有关学生学习成绩或持续进步信息的一连串表现、作品、评价结果以及其他相关记录和资料的汇集。借助信息技术支持，可以很好地组织和管理档案袋中的各种材料，从而形成电子档案袋。

1. 电子档案袋的设计及运用

电子档案袋体现了学习是个过程，学习评价也应有过程评价的思想，具有高效率、吸引力强、储存携带方便、易于交流等优势。档案袋的基本成分是学生作品，如满意的作文、优秀的作业、最佳的口语交际录音、得意的阅读笔记或评论等。学生参加构建个人档案袋的全过程，包括制订学习计划和评价量规、评价自己及他人的作品、归纳和总结学习方法、撰写个人的反思日志和学习心得等。教师对此过程进行跟踪指导，并对档案袋中的内容进行合理分析与解释。电子档案袋一般包含以下方面：

（1）任务及策略部分的主要功能是帮助学习者明确学习目标，了解学习任务、作业要求和评价标准，提供可选择的学习策略和教师指导。作品及评价模块主要收集、记录学生上传的学习作品（如满意的作文、深刻的阅读笔记等），并实现对作品的多元评价。计划及反思模块主要包括学生制订的学习计划和对自己学习过程的反思、评价和总结。

（2）电子档案袋的使用方法比电子档案袋的结构更具灵活性和可操作性，恰当的教学策略和使用方法是发挥电子档案袋功能的重要保证。在语文教学评价时，可以基于下面流程使用电子档案袋。

2. 技术支持与电子档案袋工具

建立电子档案袋最方便、最常见的技术是计算机“文件夹管理”，坚持用“文件夹”技术对计算机中的电子文件进行科学有序的归类整理，也是初级的知识管理过程。随着互联网的普及的广泛应用，基于教育博客建立电子档案袋也是常见的方式。在语文课程教学中，教师可以对所教年级的课程做一个整体框架来引导学生学习和交流。如定期给出写作题目或讨论话题引导学生进行博文写作，既锻炼学生的语文素养，增进师生、生生之间的交流，又能很好地收集和汇总学生的文学作品。

第三节　基于“互联网+”的语文课程体系构建

一、基于“互联网+”的语文课程体系构建价值

（一）推动语文教学方法的创新

语文教师可以利用互联网创设情景使学生在课堂学习中如闻其声、如见其人，仿佛置身其间，如临其境，师生就在此情此景之中进行情景交融的教学活动。欢快活泼的课堂气氛是取得优良教学效果的重要条件，学生情感高涨可促进知识的内化和深化。为了强化学生的语文听说技能，教师应充分利用多媒体，针对教学内容，开展辩论、课本剧表演等实践性强的课堂活动，分别担任不同角色进行会话表演，从而使表演的学生和观看的学生全部进入角色，提升他们的注意力，并在轻松欢乐的气氛中增长知识，提高口头表达能力。例如，教授《孔雀东

南飞》时，可以将古筝版本的《孔雀东南飞》播放给学生，学生就能在看到的文字与听到的乐曲中建立起直接的联系，形象具体，有助于学生用语文进行思维。

（二）推动语文教学改革的深入

目前，互联网已经在各个学校实现了广泛的推广，这一点从学校的互联网相关的设备情况可以反映出来。互联网的普遍推广使用，促进了学校教学各个方面的改革，同样，在语文教学方面，也给语文教学环境带来了较大的改观，这些改观突出表现为基于计算机网络的语文多媒体教学模式的应用。基于计算机网络的语文多媒体教学模式为教师和学生同时提供了一个非常开放的多媒体网络环境。信息化网络教学使语文学习具有广阔性、丰富性和多样性，给学生以全方位刺激。学生在学习的过程中，可以就读、听、说、写等方面的问题在交互式的网络平台上自由地与其他学生进行讨论、互相帮助、互相启发、互相评估、开阔思维、激发学习兴趣，共同提高语文应用能力。总体而言，多媒体技术的迅速发展推动了语文教学的改革，其特征表现在以下方面：

第一，利于信息存储的利用。以信息为基础的多媒体网络，具有信息存储、提取、双向传输等非常方便的优势，因此特别适用于教育，更有利于教学的信息传播机制的建立。

第二，促进发散性思维的培养。互联网具有非线性、非结构性，存储扩展想象任何功能的特征，其更加符合人类思维的特点。在互联网环境下，学习者通过非结构、非线性材料的信息状态下的自我学习，关心在自己的基础上或有可能学习的问题，可以通过发散性思维来解决问题或学习，实现创造性思维提高灵活运用知识的综合能力，因此互联网对语文教学的影响较大。

第三，促使学习个别化地实现。互联网网络有利于实现个人的学习目标价值，由于每个学生的需要、学习经验，以及在互联网方面存在差异，同时在教学的多层次性、多角度的信息的背景下，没有一套模式化的学习目标和学习路径，学习者可以根据自己的需要，选择适合自己的学习路径、学习内容。良好的人机界面的导航机制，交互式网络系统，让学生充分发挥其能动作用，积极参与到学习过程之中。并且，学生还可以自行选择学习内容，控制学习步调和速度，因而可以做到因材施教，实现个别化教学。

第四，推动教学内容和形式多样发展。互联网网络教学模式，一方面利用图片、文字来表达各种不同的动态内容；另一方面通过声音模拟教学和设置一系列多维教学元素，从而提高教学效率和教学质量。

（三）促进语文教师的专业成长

语文教师课堂教学技能的培养应是现代方法与传统方法的统一。在互联网背景下，教师课堂教学技能渗透了互联网要素由此产生了新的变化，因此其培养的方法应该是现代方法与传统方法的统一。例如，导入技巧、语言艺术、提问技能等的提高，既要注重传统的方法如操练、训练、老教师的言传身教，也要使用现代手段，如语音复读、微格教学、电视摄像、录音、计算机课件等手段来提高课堂教学技能，主要作用包含以下方面：

第一，推动学徒制发展，提高示范教师的指导水平。学徒制活动是一种古老的教育教学活动，它往往是在真实的生活生产实践中进行的。在现场的活动情境存在真实的教与学的信息，师徒可以深入沟通。学徒可以通过顿悟和直觉习得那些难以言传但可意会的技能，可以习得未被师徒双方明确意识到的重要的信息。如今，学徒制活动已被赋予新的形式和内容。例如，为学徒的领悟提供方便，教师可以借助思维描述来体现自己的思维路径，在这个过程中，师徒的角色扮演和角色互换来增强学徒的学习效果，通过一个熟练掌握了互联网、具备较高课堂教学技能的“师傅”教师，传授课堂教学技能给其“徒弟”教师，体现指导教师的榜样作用，既影响学习者的学习态度和动机，又直接促进其对这种技能的领悟。

第二，丰富学习方式，提高教师教学技能。学习方式分为外在学习与内省学习，外在学习是有主观价值目标的学习，而内省学习是指学习者在与知识元交互的过程中取得的一些思路。两种学习方式既彼此影响又相互独立。若将外在学习与内省学习统一起来，以先“内省”后“外在”的认知方式学习，其效果强于任何一种方式。

第三，奠定技术支撑，完善教学子技能的掌握。智慧技能由简单到复杂包含四个层次：辨别、概念、规则和高级规则，高一级智慧技能的学习须建立在对低一级智慧技能的掌握之上。这说明，学习课堂教学技能是一个逐级提高的过程，复杂课堂教学技能的学习往往要建立在相对简单的子技能的获得基础之上。互联网环境下，课堂教学技能可以分解成许多子技能，子技能之间形成一种层级关系。在掌握低一级的技能后再学习高一级技能是学习课堂教学技能的关键。

第四，促进教学反思，提升教学效能感。反思在教师专业发展中颇受重视，它有助于教师成长。“经验+反思＝成长”，反思要做到坚持创作与教学过程密切相关的日志，对优秀教师的教学过程进行观摩考察，对自身的教学体验进行实践升华。教学效能感是教师根据以往经验及对教育理论的了解，确认自己能有效地完成教学工作，实现教学目的的一种信念。教学效能感影响教师在工作中的情绪、努力程度、经验总结和进一步学习，影响教师学习和工作的积极性。

第五，营造良好环境，形成积极情感信念。情感在学习中很重要。互联网环境下语文教学技巧形成过程是一个情感沟通的过程，是语文教师的价值观念不断播散的过程。在已获得的课堂教学技能中亦应蕴含着丰富的个人情感，只有蕴含着丰富的个人情感的课堂教学技能才能稳定、巩固下来。

（四）助力语文教学硬件的优化

电教手段能使语文教学变得生动、形象、有趣、直观，能充分激发学生的学习兴趣，能调动学生学习的主动性和积极性，能强化学生对知识的记忆，有利于知识的巩固和提高。信息化教学非常重要，它能够为语文教学建构学习知识的氛围，这样充满交际性的环境中，使学生在课堂上能够全身心地投入语文课程的学习过程中。学生一旦与所学知识产生积极互联，就会激发其产生成功感，学习动力也就有了不竭的源头，主动性和积极性也被调动起来。并且由于其直观性主要作用于学生的视觉器官，把教学的内容以画面的形式演示，使其集中注意力，培养其观察能力和思维能力，同时借助这样的方式传播知识印象深刻，能给学生提供大量的色彩鲜明、真实生动的视觉形象，有利于加深教师传授知识的印象，方便教学，并且教师与学生之间可以开放性、全时空的沟通，通过这样极具现场性的沟通方式，长久地坚持下去，学生的语感就会得到提高。

此外，多功能语音室还具有监控功能和统计功能，教师可以及时了解学生的实际水平和存在的问题，并以此制定相应措施，查漏补缺，逐步提高学生的听力水平。而计算机的利用，可全面调动学生各种器官的综合功能，引起广大教师和学生的兴趣和关注，优化教学过程，提高教学效率。

二、基于“互联网+”的语文课程教学具体实施

（一）“互联网+”与语文教学环节

第一，运用互联网提高备课质量。互联网可以运用到备课中，具体看来就是以语文学科和学生自身的特点为基础，综合运用互联网收集与语文教学有关的素材，如诗歌、散文、戏剧等，并以此为基础形成课堂教学预设的各个环节。运用互联网将自己准备的诸多内容，以幻灯片等信息载体的形式表现出来，还可以利用互联网将与语文教学有关的内容进行网络共享。

第二，运用互联网课堂改进授课效果。教师作为教学的主导，要引导学生积极学习，需要自觉地去反省自己在教学活动中的优点与不足之处，总结自己在教学过程的各个环节中好的做法与失误的方面，通过课堂教学的各环节的讲授与总结，调整完善个人的知识结构，在教学中丰富自己的授课能力与改革方式。语文教学方法有很多，教师试图将语文知识传递给学生的整个互动过程称为语文课堂讲授。当语文教师将现代互联网整合进课堂之中，依靠多媒体和网络形式多样的特色，发挥多媒体信息量丰富、图文并现、快速方便的技术优势，帮助学生学习字词，了解语言，分析文章，收到事半功倍的效果。例如，在学习古代文学的有关内容时，由于这些知识在现实的语言交际中使用不多，同时缺乏相应的生活场景铺垫。为了更好地理解课文内容，开阔学生视野，丰富知识，引导学生上网搜索与所学内容有关的古代文化的影响与图片，让学生通过相互交流，彼此沟通，从而在头脑中构建起相应的思考背景，为以后知识的学习奠定良好的感性基础，也为学生提供遇到问题自己解决、学会主动学习的途径。

为了使学生更好地掌握诗词内容，提高他们的口语表达能力和想象能力，教

师可以让他们通过声画同步的画面自己创设情景。例如，在讲解元曲《秋思》时，教师向学生展示了一幅以《流浪歌》作为背景音乐的深秋图，西风萧瑟的季节，地上没有红花，树上不见绿叶，只有干枯的藤，苍老的树，归巢的晚鸦，清冷的溪水，落寞的小桥，孤单的旅人，让学生根据自己的理解进行构思、描述。伴着思乡的歌声，学生把凄清、萧瑟、充满离愁的意境描述出来。互联网的多种表现手法，既能够消除学生学习的紧张感，又能够扩大时空观，提高学生学习的效果。

第三，运用互联网活跃第二课堂。第二课堂活动指的是为了延展语文课内教学所安排的各项学习效果，从而将部分内容位移的过程，常见的第二课堂活动有辩论、专题性突破等形式。将现代互联网融入教学活动中，目前最受重视的还是网络课堂式学习。学生划分为一定的学习单元后，选择适当的课题，从网络资源中自行寻找问题与解答方法。学生成为自主的学习者，以主动积极的方式探求知识，不但能够学到自行寻求资源解决问题的态度与方法，使学习过程变得活泼生动，自主认知的知识也令学生印象深刻，不易遗忘。鉴于此，在课前布置预习作业，是培养学生动手操作能力的重要方法。在预习的过程中，学生之间积极互助，合作意识强，讨论气氛热烈，这不但能够锻炼学生计算机操作的能力，还能够锻炼他们自学和收集处理信息的能力。

第四，运用互联网优化进行学生评估。评估是指学习课程内容结束后的表现，即学生所进行的评价活动，包括实施过程的评价和评估结果。评估方法包括使用软件统计数据分析图表，根据分析结果以便教师调整教学内容及进度，以加强学习效果。

（二）“互联网+”与语文教学内容

1. 阅读教学

在阅读教学中，要完成教学目标，关键是要让每个学生都能全身心参与学习过程。在互联网环境中，学生有充分的时间主动感悟、收集和分析相关的信息，对所学的问题进行思考、讨论，提出各种假设并努力加以验证，再经过引导步入新的境界，使学习主体参与教学，形成“发现问题—积极探究—追求创意”的模式，促进学与教的优化。例如，在《郑伯克段于鄢》中，这篇文章的教学重点是理解个性化的人物语言，刻画人物性格的塑造方法，认识到儒家一贯提倡的伦理道德在春秋时代贵族统治阶级内部争权夺利的矛盾斗争中的地位，从而认识到它的虚伪性。教学目标是通过课文的学习，训练学生的阅读能力。

2. 作文教学

与传统写作教学相比，把互联网引进写作教学，明显提高了写作教学的质量。如今，双主作文教学模式既突出了教师的主导作用，又突出了学生的主体作用，这种教学模式的环节主要包含以下方面：

（1）创设写作情境。通过多媒体和网络，为学生创设一定的情境，从而激发学生写作的热情和冲动。写作的兴趣始于视听的冲击和心灵的感染。因此，写作文前如果有意识地把学生外出活动的情景、生活中的画面、大自然的美景录制下来，在课堂上根据需要播放画面，使学生感悟形象，心灵受到感染，就会激发学生的创作热情。

（2）铺设写作素材。运用互联网进行作文教学时，学生可随机调用计算机提供的相关资源或到网络上寻找素材，这样的作文教学方式，使学生的主观感受得以表现，内心情感得以流露，个人智慧得以展现，激发了学生的求异思维，使学生的想象力由再现想象向创新想象发展，为学生的个性发展提供了空间，使作文课成为欣赏课，从而实现“要我写”到“我要写”的转变。

（3）优化创作过程。学生通过键盘把自己构思好的内容转化为书面语言，输入到计算机中，并对文章的不当之处进行修改加工。

（4）创新文后评价。传统的作文教学，往往是把学生的作文，上交给老师批改，学生的作文缺乏交流，互改作文层次不一，能力提高慢，利用校园网就可以克服这一问题。学生作文以移动工具或电子邮件的形式上交给老师，也可以保存在自己的文件夹中，这样就可以让所有的学生在网上共同阅读。学生在浏览其他同学的作文后，以小组形式讨论，互相批改，写出批改评语，教师有的放矢地对修改后的几个学生的作文进行点评、总结，这种修改方式方便快捷，能够提高反馈作文的效率，真正实现资源共享和广泛互动交流。

3. 综合性学习教学

目前，综合性学习是新课标对语文教学提出的一项教学目标，新课标明确指出学生要逐步掌握综合性学习的能力。与此同时，新课标中也提到，综合性学习要求学生利用互联网查找和搜集资料。互联网与语文综合性教学的整合主要包含以下方面：

（1）细心设计问题，推动学生思考，这个阶段是教学设计的准备阶段。教师应根据学生本身的学习能力和知识背景，依据语文学科的特点，为学生选择具有挑战性的或学生比较感兴趣的问题，所给出的问题要具有选择性和灵活性，所选问题最好与学生的知识、经验结合起来，使他们可以根据已有的知识基础，利用网络和其他相关资源就能够解决问题。教师在设计问题时要认真分析学生现在的知识水平与实践能力，紧紧围绕教学目标，明确学生在课前需要具备哪些知识，学生在课程结束时需要掌握哪些知识和具备哪些技能。

（2）耐心点拨学生，有效利用资源。如今，互联网已经为全人类所拥有，每天都有新的网站加入、移动或删除。目前，谷歌的搜索引擎能浏览上亿个网页。语文教师应当给学生提供解决问题的学习资源，包括相关的网络地址、参考书目、文献索引，以及其他多种媒体资源，教师还应该向学生介绍当前有效的网上信息检索、发布的工具软件或站点，以便于学生查找信息，从而减少学生查找信息资源的盲目性。与此同时，要注意筛选、分析、加工信息，在具体落实中，学生以小组的方式阅读、筛选、分析、讨论所获得的信息，对这些信息进行甄别、选择与问题相关的信息，同时对信息的来源和原始信息作好记录，将收集到的信息进行分类，及时收集更多信息来进行补充，将信息按类别组织、形成纲要。在此过程中，教师应明确地告诉学生要完成任务需要的时间，并对学生在信息的收集、整理、分析过程中可能遇到的问题进行答疑。

教师应随时监督学生学习的过程，同时要鼓励学生积极评价所收集到的资料的实用性，并删除错误的或误导的信息，对符合的信息按照事理之间的逻辑性进行组织。学生与学生之间的相互交流是基于网络这一资源的，它是保证学习效果和质量的一个重要因素。学生可以面对面地探讨问题，还可以利用交互手段进行学习交流，使交流变得开放和随意，相互启发、相互帮助、开阔思路、共同提高。

（3）精心构建体系，适当予以评价。评价是教学设计开发的一个重要环节，包括学生在资料查询期间的形成性评价和资料整理后的总结性评价，还有小组之间和学生之间的互评和自评。形成性评价是资料查询阶段的反馈过程，它的目的在于不断调整和修正学生分析、思考的要点，为学生得到合理答案提供正确的指导方向。总结性评价是在学生对查到的有用信息整理分类后，用工具或页面将其条理清晰地呈现出来，学生作为“老师”讲述他们从查询信息中得出的结论，教师在听学生讲述的过程中，可以随时根据展示内容提问，在听完学生的讲述后，教师可以从准备资料是否充分准确、发言是否条理有序、结论是否科学合理等方面对学生的学习成果进行评价。另外，可以将学生个体的自评同教师、其他学生的他评结合起来，使得到的结论更加真实。教师还应当与学生共同回顾概念形成或问题解决的过程，分析学习过程中运用和发展了哪些信息技能、掌握了哪些知识、有没有更好的捷径等，分析利弊以利于学生信息收集处理能力的形成。

（三）“互联网+”与语文教学方法

第一，具象文本内容，提升综合素质。在文教材中，有许多文质兼美的经典传世之作。对于这些古今中外的诗词文赋，高质量的诵读是最为直接、最为有效的办法，这比任何枯燥的空洞的分析解说要好得多。此时给文本配上合适的声音和图像会令意境全出，在美的氛围中更能体味文本的内涵和美，这是一种惬意的诗化的教学境界，在这种境界之中，学生的文化品位和审美情趣就会日渐提高。

第二，整合多元资源，奠定知识基础。现代互联网使得教师的资料可以凭借多媒体与学生分享，学生可以随时从网上获取一些相关的资料，如作家作品介绍、时代背景、写作情况等。不仅利于学生知人论世，加深对作家的认识、对作品的理解，而且利于学生搞研究性的学习，还可以逐渐培养学生做学问的良好习惯和善于钻研的科学精神。

第三，营造联想意境，激活学生思维。语文的主要凭借是文字，而文字是实际生活的反映，所以注意调动多种艺术手段将文字与具体的事物进行转换，更能显示两者之间的关系，从而激活学生的思维。例如，在描述人对秋天的思绪时，马致远用“枯藤老树昏鸦”等文字来表达，那么多媒体可用一支乐曲、一幅图画等方式来表现。人物的音容笑貌、言行动作小说家用文字来描绘，那么多媒体可以用演员表演来体现，让学生有更加直观的感受。多项的艺术联想与转换增设了教学情景，增添了教学效果。

第四，丰富对话渠道，改进师生互动。交互性是现代互联网的重要特征之一，多媒体和网络的使用，能够拓宽学生讨论与交流的渠道，使小组活动、班级活动更易组织。师生之间、学生之间的交流更为广泛和便捷，尤其是可以不受课堂时空的限制，通过网络与外班、与外校交流，这样，相互间的信息反馈也更为及时，便于教学的调控，便于互相促进，真正能够做到在交流中增进合作、在合作中加强交流。

第五，呈现式教学模式。呈现式教学模式是指教师事先利用各种教学软件，制作好教具，在教学过程中按照教师的意图进行播放，依次来展示给学习者，促进学习者认知的教学模式，这也是最常用的、最简单的教学方式。例如，在教授《贝多芬百年祭》时，语文教师可以用幻灯片展示贝多芬的作品集。点击每张幻灯片，学生便可以听到与此内容相吻合的音乐片段，从而帮助学生增强对贝多芬及其音乐的了解，为其加深对课本内容的认识提供反思背景。

第六，研究性教学模式。研究性教学模式就是运用网络信息资源对当前学科教学问题进行探讨与研究，这种模式可以用来扩展知识，培养学生的自学能力。语文教学中要涉及语言的自身规律和相应的风俗习惯、社会环境、民族心理、历史文化等，这些东西对学生而言是陌生的、难以理解的。教师可采用研究性教学模式，根据语文课程的教学内容，利用互联网提供的“加工工具”将所呈现的学习内容进行收集、加工、分析、处理，整理成多媒体、超文本的学习资源，或者使用网络，为学生创设一种直观形象、生动有趣、便于理解记忆的语言环境和语言交际情景的场面，让学生在学到课本知识的同时，视野得到扩展，能力强的学生能学到更多的知识。

第四节　语文课程体系的模式构建实践

一、语文课程体系模式构建——微课

随着信息技术的快速发展和移动学习的兴起，微课作为一种便捷灵活的在线教学工具，开始在语文教育中得到广泛应用。微课是一种短小精悍的视频教学形式，以独立的主题为单位，对课程内容进行简洁而有针对性的介绍和讲解。微课的时长通常在 3~10 分钟，适合学生进行快速消化和吸收。

（一）语文课程体系中微课的价值

微课不仅能将教学内容更直观地展现出来，而且能激发学生的思维创造力，帮助学生更深入地理解教学内容，体会不同的语言表达，更好地掌握知识。微课在语文教学中的价值主要包含以下方面：

第一，个性化学习。微课的短时长和独立主题的特点，使其能够满足学生个性化学习的需求，学生可以根据自己的时间和兴趣选择相应的微课进行学习。

第二，优化教学资源。通过微课形式，教师可以将教学内容进行精练和优化，提供简洁明了的教学资源，有助于学生更好地理解和掌握知识点。

第三，增强学习体验。微课充分利用视听效果，通过生动的图像和声音，吸引学生的注意力，提升学习体验，使学习变得更加有趣和有效。

（二）语文课程体系中微课的原则

第一，精心策划的内容。微课的设计应该注重内容的精练和策划，确保能够突出重点和达到预期的教学效果。

第二，简洁明了的表达。微课设计应避免冗长复杂的语言和过多的细节，以简洁明了的表达方式向学习者传递信息，确保易于理解和吸收。

第三，多媒体结合。微课的设计应充分利用多媒体技术，如图像、音频、视频等，以提升学习体验和教学效果。

第四，个性化学习。微课的设计应考虑学习者的不同需求和学习风格，提供个性化的学习内容和学习路径，以促进学习效果的最大化。

第五，互动性和参与性。微课设计应鼓励学习者积极参与，通过互动的形式激发学习兴趣，提高学习动力。

第六，动态评估和反馈。微课的设计应包含动态评估和及时反馈机制，以帮助学习者及时发现问题并加以改进，提高学习效果。

第七，可持续发展。微课的设计应考虑可持续发展的因素，包括资源利用的合理性、内容更新等，以确保微课的长期有效性和适用性。

（三）语文课程体系中微课的要素

第一，多样化的教学内容。语文微课应该提供多样化的教学内容，包括文学作品分析、写作技巧讲解、语言运用等方面的知识点，以满足不同层次学生的学习需求。

第二，引人入胜的教学风格。微课应该采用生动有趣、引人入胜的教学风格，结合图像、声音和文字等多种媒体形式，使学生更加投入和专注。

第三，交互式学习体验。微课可以通过交互式的学习方式，如提问、答题、讨论等，增加学生的参与度和互动性，促进思维的碰撞和学习效果的提升。

（四）语文课程体系中微课的运用

1. 通过微课优化教学资源

（1）多样化的学习内容。语文微课可以涵盖各个学习领域和知识点，如古代文学经典赏析、现代文学作品解读、写作技巧与实践等。通过提供多样化的学习内容，能够满足不同学生的学习需求和兴趣，提高学习的积极性和主动性。

（2）灵活的学习方式与时间。语文微课具备灵活性，学生可以根据自身时间安排自主学习，随时随地观看微课视频，这种学习方式使学生能够更好地安排学习进度，避免了时间和地点的限制，提高学生的学习效率。

（3）增强学习体验。微课可以采用多媒体技术，如视频、音频等形式，给学生带来更加直观与生动的学习体验。教师可以运用故事、图片、动画等元素，使微课内容更加生动有趣，吸引学生的注意力和参与度。

2. 通过微课提升学习效果

（1）激发学生学习兴趣。通过设计吸引人的微课内容和形式，可以激发学生的学习兴趣。教师可以选取具有代表性的文学作品，通过图文并茂的讲解，引导学生产生对文学的兴趣和好奇心，从而主动积极地投入语文学习。

（2）促进自主学习。微课的学习过程中，学生可以在自己的节奏下进行学习。教师可以设置探究性的问题或任务，让学生自主思考、探索和解决问题，培养学生的自主学习能力和解决问题的能力。

（3）个性化学习指导。微课的学习过程中，教师可以通过互动式的学习平台或社交媒体，与学生进行及时的互动和交流。教师可以根据学生的学习表现和学习需求，给予个性化的学习指导和反馈，促进学生的学习效果。

然而，在实践中，语文课程教学微课也面临一些挑战和限制。首先，教师需要具备相应的技术和教学设计能力，能够根据学生的需求和学科特点进行微课的设计和制作；其次，学校和教育部门需要提供相应的支持和投入，包括教师培训和微课平台建设等方面；最后，学生也需要具备一定的自主学习能力，能够积极主动地参与学习，充分利用微课提供的学习资源。

未来，进一步研究和推广语文课程教学微课的实践是非常重要的。一方面，可以进一步完善微课的设计理论和教学策略，提高教学效果和学习成果的评估和监测；另一方面，可以加强对教师的培训和支持，提高教师的微课设计和教学能力。此外，还可以积极借鉴优秀的微课实践案例和经验，推动语文课程教学微课的发展和创新。

总而言之，语文教学微课的实践对于优化教学资源和提升学习效果具有重要意义。通过多样化的教学内容和增强学习体验，微课能够激发学生的学习兴趣和自主学习能力。通过个性化的学习指导和交互式学习体验，微课能够提升学生的学习效果和学习成果。未来，应该继续深入研究和推广语文课程教学微课的实践，为学生的全面发展和社会的进步作出积极贡献。

二、语文课程体系模式构建——翻转课堂

（一）语文课程教学中翻转课堂的特点

一般意义上的翻转课堂主要包括两个过程，即学生课前预习和课上讨论。课前预习是指学生根据教师事前已经录制好的教学视频对整体课堂内容有所了解，进行自主学习；课上讨论是指学生根据课前学习将有所疑惑的地方与学生进行讨论，在教师的引导下掌握所有内容。翻转课堂主要包括两方面含义：一方面是对课堂授课和家庭作业两大部分的先后顺序进行了调整，在传统意义上的教学更加注重课上教师的讲解而忽略了学生的学习自主性，翻转课堂教学模式改变了这种现状，更加重视课前预习，能够增强课前学生对知识消化吸收的过程，增强了学生的学习能力；另一方面，翻转的是教师和学生的角色，教师在改变教学方式的同时其本身扮演的角色也发生了改变，教师开始由原来的课堂主导者、讲解者变身为知识引导者、传播者，学生也由被动地学习和接受变得更加喜欢探索发现。在翻转课堂的教学模式中，包含自主学习和合作学习的内涵，这是对传统课堂教学的颠覆和改革，同时又适应了日益发展的网络化学习环境。翻转课堂的特点主要包含以下方面：

第一，翻转课堂教学模式更加注重学生课前学习。学生在课前观看视频进行自主学习的过程，是翻转课堂教学模式与其他教学模式不同的地方，这些课前视频一般由教师提前录制挑选好，视频一般短小精悍，时长控制在 10~15 分钟，这样的时长控制可以帮助学生在较短的时间内尽快掌握课程内容，同时又不会因为时间过长而产生观看疲惫的情况。视频内容多是针对每节课的主要知识点进行针对性讲解，学生学习起来更有目标性。此外，这些视频具有暂停、前进、后退、缓存等一般意义上的视频具有的功能，学生在观看时的自主性和灵活性增强，也便于更加准确地把握视频知识。

第二，与知识内容相匹配的演示文稿画面都匹配有相应的讲解配音，这种配音与学生的思考过程相一致，缩短了与学生之间的距离感，并且更加精准，在提炼知识内容和重难点方面高度精练、便捷。

第三，翻转课堂教学模式十分注重学生个性化学习。传统意义上的课堂教学，大部分的时间都花在教师对知识点的讲解中，在这一过程中，教师讲解知识点的时间要远远大于学生自主思考的时间，在这样的课堂上，学生的思维跟着教师一起运转，在课堂上虽然学生已经掌握了知识之间的内在联系和逻辑，但是到了课堂之外往往会出现知识点模糊、疑惑的地方，这时无论是问老师还是同学，都存在着一定的滞后性，这种疑惑的地方如果不及时解决，长此以往，学生难解的内容会逐渐增多，学习压力越来越大，不仅会出现学习挫败感，更会失去学习的积极性。翻转课堂教学模式改变了这一课堂教学现状，在课堂学习之前通过短小的教学视频让学生快速掌握知识内容，对于难以理解的知识点可以在课堂上在与同学之间的互动讨论中解决，也可以寻求教师的帮助，这样可以减少学生对知识难点的疑问程度，顺利完成知识的吸收。

（二）语文课程教学翻转课堂实践应用

1. 语文阅读教学中翻转课堂的应用

在语文教学过程中，最重要的就是阅读课的教学。阅读课教学在语文教学中占据了很大的比例，并且现阶段大多数语文教材都是按照阅读的难易程度划分的，因此在进行语文阅读训练教学时，要在众多的阅读切入点中，找到最容易理解、最能够吸引学生的角度作为课程导入内容，只有这样，才能够迅速提高学生的课程代入感，在短时间内提高知识的传授效率。例如，在对语文课程中的《孔乙己》进行教学时，要找到足够有意义的细节以达到教课效果，具体分析过后，可以发现孔乙己的“双手”是一个细小却能够深入挖掘文章主要内涵的点，这样就可以快速地帮助学生在原有的知识背景上建立起新的知识内容，完成又一轮知识结构的搭建。教师在课前视频教学阶段，可以找到一些与之相关的“手”的资料，与文中“长指甲”等相类似的图片，以增强学生对文章描写内容的印象，为更好地理解文章主旨作铺垫。在课堂上互动讨论阶段，教师可以通过教材中提供的描写孔乙己手的语句分析孔乙己的性格和人物命运，以“哀其不幸，怒其不争”总结鲁迅先生对孔乙己的态度。并以此为引子，拓展学习，要求学生找出小说中还有哪些方面分析孔乙己的手，目的是让学生理解鲁迅先生抓住人物的一个具体特征，刻画人物整体形象的小说的表现手法。

2. 语文听、说训练翻转课堂的应用

虽然在语文课程的听说读写能力中，听、说是相对而言最容易掌握、难度较低的语文能力，但是由于学生的地域性、习惯性不同，在汉语文化方面的掌握程度也存在很大差别，尤其是在汉语语言方面，各地方言各有特色但都和标准的汉语普通话相差甚远，因此，必须要加强语文课程的听说训练。在语文翻转课堂教学中，可以很好地为学生进行汉语听、说训练。在课前学习阶段，教师可以将文章的优秀朗读版本的视频和音频上传至教学平台，让学生在正式上课前就可以感受到朗读的文学魅力，激发起学生朗读的兴趣，同时在听名家朗诵的时候，学生可以发现自身的字音错误，起到事半功倍的作用。在课堂的学习过程中，教师还可以通过课堂设计，让学生进行角色扮演，分别以文章中不同人物形象进行朗读，不仅可以增强学生对课文的深刻理解，也能在一定程度上提高了学生的听说能力。此外，教师还可以将辩论赛与课程教学有机结合起来，例如，在《烛之武退秦师》一文中，就可以设计外交官模拟联合国开会的形式，其目的是通过学生的亲身体验，体会烛之武高超的语言技巧，从而学会语言表达的技巧并使用。

3. 语文写作训练翻转课堂具体应用

对于语文写作训练，翻转课堂教学模式依旧可以发挥巨大的作用。语文课程中的写作训练是一个长期积累锻炼的过程，其中包含着许多小而杂乱的写作手法和写作技巧，如修辞、描白、前后呼应等，这些细小的知识点需要教师采取多样化的手段融入课堂之中，例如教师可以把这些知识点做成简单的微视频，分成对不同的主题进行微讲解，不仅可以提高学习内容的趣味性，学习效率也会得到提高。例如，在读后感写作训练上，教师可以从教材中选取一篇优秀的文章作为讲解对象，在课前学习阶段，可以让学生了解到文章的主题大意，还可以让学生在文章中找到自己觉得受到感动的地方，在课堂讨论阶段，每位同学可以自由发言，谈谈这篇文章中有哪些触动自己的地方，为读后感写作训练积累丰富的素材。

此外，语文教师应适当地对学生的发言进行总结，对学生有疑惑的地方进行答疑，在此基础上进一步升华文章的主题，将其与生活中的一些哲理联系起来，提高学生的审美能力。基于语文翻转课堂教学的写作课教学设计从单纯的知识传授到联系学生实际，努力提高学生能力；注重学生对知识的接受情况，争取让每个人都参与到课堂活动中来；评价方式从单一转向多元，给学生更多的自主探究、展示自我的平台，学生人文素养能够得到大幅提高。

三、语文课程体系模式构建——慕课

“随着新课程改革和素质教育理念的不断发展与推进，越来越多的教育工作者开始重视起对学生学习主体地位的尊重与发挥，更多的教学应用软件也相继得到开发和广泛应用。”① 慕课，也就是“Massive Open Online Courses”，简称“MOOC”，是一种大规模开放式在线课程。为了方便了解学生的学习情况，教师可以将主电脑与学生电脑连接，在线获取学生的学习方式、学习效率，获得相关教学反馈。慕课是一种全新的在线教学方式，融合社交服务、在线学习、大数据分析和移动互联网等要素，用户可以免费获得大量在线教育服务和生动的学习体验。

MOOC 教学模式强调建构主义理论。建构主义认为学生应树立学习的主体地位，成为知识的主动建构者，摆脱旧有接受灌输的地位。客观世界虽然是客观存在，但每个人的认知方式和视角不同，他们眼中的客观世界自然就不尽相同，对客观世界的理解也有很大差异。因此，学生应从自身出发，摆脱单纯的接受，主动建构。教师也应明确自身地位，将学习的主导权还给学生，努力做好组织者和引导者，帮助学生提高自主学习能力，顺利完成学习任务。MOOC 教学模式注重知识创新，倡导让每个学生都成为知识的生产者，从而培养出能够恰当处理数字信息并形成自己独有知识网络的人才。

（一）语文课程教学中慕课的特性解读

1. 慕课的基本特征

随着慕课的不断成熟且对社会影响越来越深，其在语文课程中特征也表现得

① 刘露. 慕课应用下的语文自主学习实践研究［J］. 作家天地，2022（11）：127.

日益明显。

（1）大规模特征。“大规模”指学生的数量没有限制。学习慕课的人数可以很轻易达到几千人。随着慕课普及率的增长，参与慕课的学生数量也不断增加。可见，慕课是一种巨型课程。

（2）开放性特征。开放性指慕课参与者可能来自全球各地，并且拥有开放的信息来源、评价过程、学习环境。美国慕课以兴趣为基础，人们只要对某个课程感兴趣就可以参与其中，只需要注册一个账号，不论国籍，都可以参加。因此，人们认为只有开放性的课程才能被称为慕课，而且这些课程必须是大规模的或者大型的，才能被称为是典型的慕课。因为慕课，世界各地的学生和授课者通过同一个课程、同一个主题而联系起来，共同学习和交流。

（3）以一定的主题为基础的特征。MOOC 课程模式的组织者围绕既定主题，以开放的非结构化形式为参与者提供相关资源，这些资源均以主题为核心展开，主题成为知识连接的节点与创作的起点。分享自己的已有知识，获取他人的相关资源，互相连通，达到充实自身已有知识和构建新知识的目的，最终完善自身的知识网络。

（4）动态性①特征。由于 MOOC 课程开放、动态的特点，使得参与者能够突破时间和空间的限制而开展交流，知识的分享既可以在具体环境中实现，也可以在推特、论坛等虚拟社交媒体中实现。因此，在 MOOC 课程中，师生关系是平等的，组织者与学生都是课程的参与者，大家以平等的身份讨论与分享感兴趣的主题，通过碰撞形成新的知识，不断延伸自己的知识网络。在对参与者参加的测评中，组织者的做法也不同于传统意义上的考试打分，他们通过参与者参与课程讨论的积极性，肯定表现突出的参与者。

2. 慕课教学的优势

（1）慕课带来广泛的、优质的、模态化的教育资源。慕课打破了常规教育的人数、时间和地域限制，学生不必严格根据课程时间安排到特定的实地课堂中接受教师传授知识。慕课既支持学生随时随地随身学习，又支持大批量学生同时段

---

① 动态性是指系统永远处于运动和发展过程的一种特性。

学习，从一定程度上有效地激发了学生的学习热情和兴趣，能够更加积极主动地投入学习中。慕课课程的学习内容全凭学生爱好与需求来进行自主选择，参与者可以在特定时间段内完成学习过程、提交随堂作业、参与知识考核，而且一切的教学资源都是透明公开的，整个学习考核过程公平、公正。

慕课课程内容打破了传统学科限制，强调知识信息的综合性、实用性和普遍适用性，从各个领域的先进理论、实用性知识到各种生活健康常识等应有尽有。这有效地实现了各个学校之间的资源互通和互补，促进顶级学校资源向普通学校的共享流动，弥补我国学校资源分布不均的缺陷，更有利于人才综合素养的提高和教育的整体性发展。例如，普通学校可以通过注册北大慕课平台，获取其优秀的教学资源。慕课课程的大力开发，将极大地改进现有教学观念和教学模式，极大地促进应用型学校的教学水平。

慕课课程的内容通常以视频形式体现，由相关专业的教师团队经过反复斟酌、精心研究确立而成。大多数的视频主讲教师都是知名学校的顶尖教师，雄厚的师资力量使课程内容设置更加合理，讲解质量更好，学生接受度更高。

慕课的课程设计有效利用了模块形式，体现出各个课程的特色。把完整的知识体系按照内容分解成一批相对独立的小模块，让内容条理更加分明，且重点突出，一目了然。借助 10 分钟的视频，将知识具体表现出来，有效集中学生的学习注意力，帮助学生更好的理解和记忆。

（2）以学生为中心的教育理念，主要体现在以下两个方面：

第一，兼顾不同学习能力。传统语文课堂教学着重强调教师的“教”，教师按照统一的课程内容和进度要求一对多地进行知识的讲授和传输，这种教学模式难以顾及每个学生的能力和需求。慕课则不同，学生可以自主选择与自身能力相符合的课程知识，自己安排学习计划和进程，还可以重复回放视频课程，反复学习知识难点和重点，进而提升学习效果。

第二，满足不同学习方式。慕课的学生可以利用特定的论坛、网站等平台，与教师和其他学生进行实时交流和互动，互帮互助，一起解决学习过程中遇到的困难和问题；利用课程视频中的测试题、线上测试题、线下作业等方式检测学习效果，强化知识的理解和记忆；利用教材注释、虚拟实验室等辅助工具，随堂记录课程内容和学习心得，对需要做实验的课程进行在线模拟；利用教师和其他学生对自己的评价综合考量学习结果，及时发现不足，有针对性地修改，从而不断提高学习效果。

3. 慕课教学的局限

慕课虽然拥有开放性强、资源丰富、不受时间地点限制地满足学生学习能力和方式上的个性化需求等诸多优点，但也存在不少缺陷和不足，具体表现在以下三个方面：

（1）慕课要求学生有高度自制和自控能力。慕课课程的学习全靠学生的自主能动性，无论是课程的选择、学习过程的坚持，还是作业的完成、后期的强化训练等都由学生决定，缺乏外界有效的监督和鞭策，大部分学生难以约束自己坚持学完一门或所有课程。所以，平台学习缺乏持续性这一问题长期普遍存在。

（2）情感交流和社会关联不足。“交心”的师生情感和同学情感对学习效果的提升和学生人际交往能力的培养都具有至关重要的作用。慕课虽然能实现教师与学生、学生之间的互动与交流。但是，这种线上互动的方式永远无法替代人与人之间面对面的情感沟通，难以拉近心与心的距离。慕课平台用户规模庞大，再尖端的社交工具也无法帮助教师照顾到每个学生的个性和情感需求。同学之间利用社交平台进行交流互动，多数只停留在知识层面，缺乏深层次的情感交流，也无法建立亲密的人际关系。

（3）缺乏系统化课程体系。慕课在当前情况下，主要发挥知识资源集聚互通的作用，还没有根据社会和专业需求形成系统化的课程体系。因此，其颁发的代表学习成果的证书等都缺乏一定的含金量，也难以有效地促进学生对系统知识的掌握和综合能力的提升。

（二）语文课程教学中慕课的具体构建

慕课拥有全球范围内丰富而优秀的教学资源和以学生自主学习为主的前沿教学理念，而传统语文课堂教学又具有慕课所不具备的有效监管、情感互动和实地操作等优势。所以要将两者有机结合，让慕课与传统语文课堂教育优势互补、相辅相成，以达到基于慕课推动语文教学改革的目的。

1. 课前的设计

语文课前设计阶段教师的主要工作是：研究和设计课程体系结构、教学大纲、具体的知识框架等；从众多慕课资源中筛选出适合的课程内容、自己制作教学微视频课件、准备其他预习资料和作业等；将准备的所有教学资料按照教学目标要求，分成必学和选学两部分布置给学生。以上准备是之后阶段顺利开展的前提保障，能够有效地帮助学生高效率、高质量地完成学习任务。

语文课前设计阶段是慕课教学活动中不可或缺的一部分，具体原因表现在两个方面：①慕课课程缺乏系统性的知识体系，教师需要提前设计课程体系结构和知识框架，以便于学生对即将学习的内容有系统、全面的整体了解和把握，做到心中有数，避免形成“知识碎片”；②慕课课程资源丰富而冗杂，学生群体要想从庞大的信息中筛选出适合的学习内容，难度很大，而且每个学生的学习能力和需求各有不同，需要教师帮助学生提前选择合适的、优质的慕课课程，并根据学生的具体情况设计行之有效的学习策略，供学生选择使用，从而有效提高学习效率和质量。

2. 慕课的学习

学生按照教师布置的课前学习任务和提供的学习资料，认真学习必学模块中的所有慕课视频课程内容，再根据自身需求和能力，选择性地学习选学模块中的资料内容，并按照要求认真完成预习作业。通过该阶段的学习，学生可以较为全面地掌握课程知识内容，标记出难点问题。

慕课学习阶段属于课外学习范畴，对学习的时间、地点和进度要求相对自由，学生可多次重复回播或查阅相关资料，直至彻底理解。这种自控式、深层次的学习模式，能够为学生带来前所未有的个性化体验，有效地提高学生的自学能力和自控能力。

3. 课堂的互动

在语文课堂中，教师引导学生开展作业答疑、合作探究和互动交流等学习活动，帮助学生更好地“内化吸收”知识，将慕课学习阶段掌握的知识进一步加深理解和记忆，以突破知识难点、把握知识重点，达到高质量学习的目的。

语文课堂互动的主要形式有作业答疑、小组合作探究和学习成果评价交流等。作业答疑环节，教师会依据教学大纲及学生慕课学习阶段遇到的问题等，总结设计出具有代表性强、值得深入探讨的问题。然后从旁引导，协助学生完成解答，在这一过程中“化零为整”，帮助学生将知识融会贯通并进行深入理解；小组合作探究环节，教师将学生划分为若干个讨论小组，并给予一定问题、案例、场景等话题，让学生以小组为单位展开讨论和研究，然后利用出示研究报告、开展辩论比赛等形式，将研究结果展示出来。这种学习方式能够有效增强学生的互帮互助和团结协作意识，增进学生间的感情，提高人际交往能力，提升学习效果；学习成果评价交流环节，通过教师点评、同学间互评、自我评价等形式检验慕课学习成果、知识掌握程度、小组讨论参与度、小组研究成果水平等。在这一过程中，学生可以全面深入地检验自己的知识掌握情况，从而有针对性地查漏补缺，不断夯实知识储备。

4. 实践的拓展

学校将慕课与传统语文教学模式有机结合、开展“翻转课堂”和“混合式教学”的最终目的是帮助学生将学到的知识更好地运用到生活实践中，从而培养出对社会真正有用的应用型人才。实践拓展阶段是“四位一体”新型课程教学模式的重要组成部分，是课堂教学的延伸和拓展。该阶段主要采用的形式有学习/研究成果分享、知识/技能竞赛、社会实践体验等。成果分享主要是学生个人或团体将自己的学习感悟、研究成果等内容利用短视频、论文等形式上传到网络上供社会检验和学习。在这一知识创新和再创造过程中，学生能够不断加深对知识的理解，培养实践技能。

总而言之，在语文课堂教学中引入慕课具有至关重要的积极作用，可以带来丰富优质、实用性强的教学资源，极大地解决了我国大部分学校优质资源短缺的问题，有效帮助应用型学校更好地发挥职能，实现应用型人才的培养目标。慕课可以带来优秀的教学理念，即强调学生为本，引导学生自主学习，不断培养和提升其自学能力。

（三）语文课程教学中慕课对教师能力的影响

1. 组织能力

语文教师的课堂组织能力是教师必备的教学技能。没有科学有序的课堂管理秩序，就没有良好的课堂效果，学生学习的主动性和积极性以及最后的学习成绩也都无法得到保障。课堂组织能力需要充分发挥课堂优势，引导学生学会主动学习，从而达到提升课堂教学目标，完成教学任务的课堂基本形式。课堂的组织能力是体现教师综合素质的关键能力，需要教师不断学习新的教学理念，从日常教学经验中汲取能量。通常而言，教师的课堂组织能力越突出，班级管理就会越好，有利于实现班级管理目标，教学成绩的提高在此基础上就水到渠成。课堂组织管理，需要教师在与学生的相处中发现和研究，最后和学生融为真正的集体。如果教师没有真正地深入学生内心，没有下功夫研究班级管理，没有深入了解课堂的组织方法和形式，就会影响教学成绩的提升，最终导致教学任务拖延。因此，教师的课堂组织能力是新课程实施过程中需要不断深入发掘的重要理念。

在长期的发展实践中，慕课已经远远超出了最初的学习资源共享的范围，转向综合服务范围，包含课堂交流、课后练习、课下讨论甚至是毕业证颁发等。“开放”这一核心特质在慕课模式中体现得淋漓尽致。毫无疑问，慕课的火热证明了“开放”的价值。同时，由于这种开放，原有的相对固化的课堂模式被彻底改变，任何年龄段、教育背景的人都可以不受局限地选择自己喜欢的课程，这种模式是对现有教育模式的一种颠覆。

（1）传统教学形式下的教师组织技能。

第一，课堂组织技能运用的要求。①通过教学组织技能的运用，使学生明确学习目的，热爱科学知识，形成良好的行为习惯；②教师必须了解学生、掌握学生基本情况；③重视集体风气的形成；④做到灵活多变、因势利导，综合运用多种教育形式；⑤教师要随时意识到自己对社会和学生所承担的责任。

第二，传统课堂组织技能的特点。

一是，课堂组织能力要达到的目标是管理好课堂秩序。在语文课堂教学中，秩序井然是有效教学的基础。要达到管理好课堂秩序的目标，应做到建立健全激励与批评机制。激励措施是尊重学生的基本要求，批评措施是对学生的负责。在日常教学中，教师应充分肯定学生的努力，做到关怀每一个学生，但是不能放任他们的错误，在他们犯错时必须坚持批评机制，如此才可增强学生心理素质，避免学生因一点小事走极端。

激励有度，批评适当。奖励方式很重要，简单来说，奖励需要有度，学生在接受奖励时会充满荣誉感；反之，学生不看重奖励，奖励也就没有任何作用。因此，教师的课堂奖励应是独一无二的，因为每个学生都是特别的，教师要做到因人而异，如一句简单的话语可能会带来出其不意的效果。此外，批评适当，要从学生心理分析学生，做到批评适当，不能起到反作用。

课堂的有序组织，学生的注意力是关键。课堂中，学生的注意力是有限的，在有限的时间内教师要确保内容的新颖，保持学生的注意力，减少外部干扰，为此需要教师不断更新课堂教学方式，及时把握学生状态。有时外部干扰不可避免，需要教师能够在课堂中灵活应对。总而言之，教师的课堂组织要采用多种办法吸引学生的注意力，保持高效的课堂效率。

为了提高语文课堂效率，教师经常会采用一些手段来吸引学生注意力。有人将这些手段称为教育“机智”。不可否认，适当的机智能够激发学生的兴趣，但过于沉迷各种机智的话，也许会使教师陷入自我陶醉的陷阱，或导致教师将过多的精力放在设计各种所谓有趣环节之中，而忽略了课堂的授课本质。

二是，组织能力的根本衡量标准是学生的注意力的集中程度，因此，组织工作的要点就在于去除一切不利于学生注意力集中的事项。但要注意的是，切忌事无巨细、面面俱到。因为教师个人精力是有限的，且必须将主要精力放在课堂授课之上，毫无重点的组织行为只会让整个课堂索然无味。平衡教学方法的使用可以灵活地控制教学节奏。有经验的教师备课必先备学生，即首先熟悉学生，根据学生的认知水平选择适当的教学方法，切忌教学方法一成不变，而是应根据学生实际设定不同的教法，把课堂变成学生思维活跃的天堂，学生的兴趣必然会提高，也会期待下一堂课。

每一个教师都是语言大师。语言节奏对课堂组织能力的实现很有必要，教师在课堂中需要在语言上下足功夫，一堂课，教师的语言不需要声量太大，但是必须做到高低起伏，学生的思维会根据教师的语言展开，使学习的积极性和课堂的有效性得以增加。

三是，课堂组织能力归根结底是引导学生主动进入课堂。因为学生的兴趣很容易转移，会导致实现语文课堂教学目标的难度增大，因此需要教师的引导，时刻保持学生的兴趣热情，及时返回课堂，把不确定性变为确定，把学生学习的兴趣和爱好作为每堂课重要的学习任务。教师在语文课堂中可以通过措施联系生活实际，激发学生的学习热情。

四是，尊重学生个性，营造有利于学生个性发挥的课堂环境，进而调动学生的学习积极性。诚然，树立教师权威是保证课堂平稳运行的重要砝码，但过于轻视学生个性只会导致学生自信心的下降，表现在学习上就是对学习内容创新能力与理解能力的降低，因为他们往往在等待教师公布“标准答案”，而没有自己的个人见解。

综上所述，要想充分调动学生的学习积极性，不但要充分发挥教师的主观能动性，还要尊重学生的个性与创造力，更要营造一个主次分明、重点突出的授课环境。最后要强调的是，教师始终是在课堂上起到重要作用的那个角色，所以教师首先要对自我有一个清晰而完整的认识，以此为基础，才可以谈论教学风格、教学内容。而一个自我认知不明的教师，很容易被“模范课堂”牵着鼻子走。此外，教师面对的群体是学生，这一群体尚处于审美、性格的成长阶段，因此教师在衣着打扮、言谈举止方面也要特别注意。

（2）慕课教学形式下教师课堂教学技能。语文课堂是由教师、学生、学习内容及课堂教学环境构成的一种总体关联系统。作为全新的教学形式，慕课引入课堂教学，颠覆了传统的课堂教学形式，课下预先进行的在线微课程取代原来课上的知识传授，而原来课后学生独立进行的知识理解和吸收过程，成为课堂教学的主体内容；教师利用各种方式引导和协助学生自主参与，注重培养学生的认知技能和自主学习能力，将课堂教学进行颠覆性“翻转”，对传统教学系统下各要素进行了动态组合，从而构建更为良好的课堂教学生态。

第一，重构课堂教学理念。

一是，从“以教为主”转为“以学为主”。传统教学模式的语文课堂活动以教师为主体，由教师决定和主宰教学内容、进度、方式等，学生被动服从和接受，课堂教学的过程其实是教师的知识传授和学生的认知过程，重点在教师的“教”。这种以知识、理论、教师为中心的传统教学理念，严重剥夺了学生的自主性，违背了教学的初衷和意义，将学习异化为他主学习。在慕课基础上创建的“翻转课堂”教学模式，将传统课堂教学内容放到课下借助慕课视频完成，而将知识的理解和内化过程作为新的课堂教学内容，以学生为中心开展自主学习，教师从旁指导和协助，重点强调学生的“学”。教师通过组织小组讨论、答疑等方式，充分调动学生自主能动性，切身参与学生学习中进行倾听、引导和协助，给予学生充分的课堂自主权，让学生在偶然性的文化启蒙和持续性的精神启蒙中切身体验和实践，以课堂活动主体的身份自主建构知识，完成特定任务和活动。教师作为课堂的客体，站在和学生完全平等的地位给予指导、咨询、协调和精神关怀，帮助学生顺利、有效地开展自主学习。教学过程更像是师生之间深入交流互动、共同发展进步的过程，课堂活动以学为主，回归教学本质和初衷，培养学生综合能力和素质。

二是，从“预设过程”转为“生成过程”。传统教学理念注重预设性和确定性，把课堂教学变成照本宣科的、可重复的线性过程，强调“填鸭式”的知识灌输。学生作为教学客体，成为静止的、机械的知识接收“容器”，整个教学活动具有强烈的计划性、预期性和规范性，彻底忽视了师生的主体性、能动性和创造性等因素，是典型的“唯理性教育”模式。与之相对的新型先进教学理念，则注重教学活动的生成性和过程性，将教学活动看作开放的、多变的、复杂的、动态的完整过程，在师生深入交流互动、学生对知识的自主架构过程充斥着各种变数和未知，会创造出很多无法预知的有价值、有意义的东西。在慕课基础上创建的“翻转课堂”教学，则是这种新型教学理念的生动实践。其在课下完成知识传授后，将课堂重心放在师生、生生之间的交流沟通和互动理解上，将理性和非理性因素有机结合，充分尊重和支持学生的自主性和创造性，使得师生在复杂、多变、创新的动态过程中有效发现、展示和发展自我，收获深层次的生命意义和价值，让学生在知识学习中获得思想、精神上的满足和成长。

综上所述，课堂教学理念的深入转变和重建，使课堂活动从以教师绝对主导、学生被动接受的模式变成师生之间平等交流、协商和互动的新型模式，使教师照本宣科、机械固化的唯理性教学方式变成充分发挥师生自主能动性和创造性的动态多变的教学方式，这些都是重新构建语文课堂教学生态的基础保障和前提条件。

第二，重构课堂教学目标。基于慕课的“翻转课堂”极大地促进了教学目标的实现：①“翻转课堂”将以往语文课堂教学的主要内容——基础知识的学习放到课下，由学生利用慕课视频自主完成，不但实现了初级认知目标，而且为后面两个目标的实现提供了前提保障；②语文课堂教学的内容变成师生之间共同配合研究、探讨、交流、解决真实问题，并让学生在教师引导和帮助下发现旧知识与新知识之间的内在联系，有效构建知识体系，最终实现知识的内化和吸收。

第三，重构课堂教学实施过程。慕课的应用颠覆了传统语文教学过程，有利于有效地解决和弥补这一过程中存在的问题和缺陷。基于慕课的“翻转课堂”教学在教学组织形式、教学内容、教学重点上都进行了有效改革，开创了课下通过慕课传授知识，实现认知目标，课上师生深入交流、探索问题，实现方法掌握与情感体验目标的新型教学形式；以主体性、开放性、创造性的问题探究性教学内容和流程取代传统的封闭性、机械性、确定性的意识预设性教学内容和流程；教学重心从认知转变成自主架构。这种全新的教学过程给教师带来巨大挑战，要求教师完全打破原有的角色设定和教学模式，深入接受和熟练应用新的教学角色和模式。从原来的知识传授者、课堂主导者、教材执行者变成学生自主学习的引导者、协助者、组织者和咨询者，从灌输式的机械教学方式变成以启发、探究、创新等目的为主的新型教学方式。此外，还要不断调整和优化学习过程及方法，时刻注重对学生情感态度、价值观等精神层面的培养和引导。

总而言之，要以“目标”为教学导向，深入培养学生各项技能和能力，引导其形成正确的思想道德和价值观念，让学生终身受益，成长为新时代发展需要的复合型综合应用人才。

2. 讲解能力

自从班级授课制提出以来，课堂教学形式便应运而生。然而，在经年累月的教学实践中，一部分教学一线的教师或教育理论家对课堂教学变革的呼声一直没有中断，他们或大胆地实践尝试，或进行建设性的理论探索。慕课改变了知识传授者与学生之间的关系，推动了学校教育、课堂教学方式的变革。直面慕课，如果学校和语文课堂教学方式不改革，很有可能无法在国内教育教学行业继续立足，更无法在世界教育教学改革大潮中占据优势。面对慕课提出的种种挑战，教师必须重新审视面对面教学这种课堂教学方式的处境。挑战是严峻的，同时也孕育着良好的变革机遇——慕课为课堂教学及课堂生态的重建指明了全新方向。

(1) 传统教学的教师讲解技能。

第一，课堂讲解技能的主要功能。讲解指讲授法，即教师通过口头语言向学生讲授、传输知识和技能的教学行为和方法。讲解借助语言深入研究和剖析知识的组成要素、形成过程和内在联系等，帮助学生系统理解和掌握知识的内涵及规律。讲解最主要的特点是用语言传递教与学的双向信息。在课堂教学过程中，讲解常常和其他教学技能相配合，用于传授科学知识，解决学生在学习过程中遇到的疑难问题，加深师生之间深层次的情感互通和互动、培养师生感情等。教师通过讲解能够有效帮助和引导学生增加知识储备量、培养各种学习能力、树立正确的思想道德观念等，是教书育人的重要手段。大量研究和实践证明，准确、恰当的讲解既能让知识的传授过程变得得心应手、有效节约教育成本，又有助于学生高效率、高质量地认知和理解知识。课堂讲解技能具有以下六个重要功能和作用：

一是，有利于系统讲授，强化认知。教师在教授新的内容和知识时，运用讲解方法，更容易让学生对所学内容和知识建立起正确、完整的第一印象；也能使学生更清晰地明确新旧知识之间的联系与区别，从而强化对所学内容和知识认知的准确性。

二是，有利于帮助学生精准把握知识规律，形成正确的思维方式和系统的认知结构。教师通过对知识点或者具体问题的详细解说和剖析，为学生提供正确推理思路和科学思维方式的具象示范，帮助学生完成从学习知识到学会学习知识的转变。

三是，有利于精准把握教学重点，攻破教学难点。教师讲解知识时，可以利用强调、刻意停顿、减缓速度等方式，引导学生深刻记忆、透彻掌握知识难点和重点。如果教师的讲解逻辑够严密、层次够清晰、推理够精准、剖析够通透，学生则能够少走弯路，高速高效地理解和掌握知识。

四是，有利于节省时间，提高效率。教师在课堂上进行精准的讲解，比学生自己学习或领悟，要节省时间。

五是，有利于培养学习兴趣，激发学习热情和积极性。教师强大的人格魅力和言行举止会于潜移默化中影响和感染学生。例如，生动有趣、深入浅出的知识讲解，会有效激发学生的学习兴趣和热情，养成爱学、好学的良好习惯，培养自主学习意识。

六是，有利于把握节奏，调控课堂。讲解的教学方式方便教师自主、合理地控制课堂教学进度。

第二，课堂讲解技能的应用原则。课堂讲解技能的应用原则包括以下三点：

一是，学科性。通俗来讲就是“说行话”，即要求每个学科的任课教师将本学科的专业术语作为核心语言，以此来解说和剖析知识内容。因为不同学科有其独特的基础概念和理论体系，它们共同组成了具有鲜明的学科特征、蕴含本学科知识内涵和规律的知识结构系统。

二是，点拨思维。教师的讲解要充分尊重和遵循学生的认知规律，严格按照从表面到内核、从已知到未知、从具体到抽象的循序渐进的认知过程。教师要在学生认知能力和情感需求基础上，巧妙提出学生关注的思考性问题，并结合相应的情境设定，有效激活学生的学习欲望和兴趣。同时，要善于在讲解过程中点出矛盾，引导学生思维方向，帮助他们充分发现问题，有效地解决问题，进而树立正确地解决问题的思维方式。

三是，生动启发。教师通过口头语言传授知识，虽然有利于教师自主把控教学内容和方式，但通常情况下，学生只是被动接受，缺乏一定的自主能动性。如果不注意，学生很容易陷入松散倦怠、注意力不集中的状态，从而影响教学效果。这就对教师的讲解水平和能力提出了更高要求。所以，教师要充分发挥语言艺术，加强情感交流和互动，利用生动鲜活的案例、故事等内容调动学生积极性，启发学生思维。

第三，课堂讲解的类型。讲解教学依据具体内容的性质，可分为事实性知识讲解和抽象性知识讲解两个类型。

一是，事实性知识讲解。主要运用于文科教学活动，指教师详细地解释、说明、阐述教学内容中具象的事件（事物）及其发展过程（开始、进行、结果）等。

二是，抽象性知识讲解。主要运用于理科教学活动中，主要讲解内容包括概念、原理、方法、结构、公式、规律、问题等。依据论证的思维方式，又可将抽象性知识讲解分为两种：①归纳式讲解。带领和指导学生对某些具体物质的相关事实材料进行研究分析、对照比较和归纳总结，提炼出事物共有的本质、特征或规律等。②演绎式讲解。带领和指导学生运用特定的原理、公式等，合理推理、论证某个事物，最终得出结论，认识事物。该教学方式遵循的认知规律和归纳式讲解相反。采用演绎式讲解时要综合考量学生的实际情况，充分考虑学生的认知能力和接受程度，应谨慎选择。

（2）慕课教学形式下教师的讲解技能。课堂“翻转”改变了传统课堂教学相关要素的动态组合，这种改变势必引起讲解技能的变化。慕课的教学过程可以用交流信息的方式呈现出来，教师需要运用类似于谈话方式的讲解，其音调也需要进行变化，其高低强弱因学习内容而定，通过夸张有效地突出重点，引起学生的共鸣。课程的重点要言简意赅，深入浅出。只有抓住重点，才能突出重点。对于重点问题，要讲精、讲透。精讲不等于少讲，如果讲得过于简单，学生不能掌握所学内容，更谈不上精益求精。对于能举一反三的内容，举一就是教师的事，要多讲，讲深讲透，直到学生能反三；反三则是学生的事，是学生在学习过程中利用已知探求未知的过程，这个过程中教师尽量不要讲，更不能包办代替。

教师在慕课教学讲解过程中，要注意以下三个方面的问题：

第一，联系新旧知识，形成完整体系。讲解教学的显著优点之一是能够帮助学生充分了解和把握新旧知识之间、新知识各内在要素之间的联系。教师在日常讲解教学中，既要帮助学生形成完整的本学科知识体系，又要引导学生建立起科学的认知结构。教师在讲解时要将新知识与学生已有知识结构联系起来，并进行深入浅出、准确清晰的讲解，便于学生更好地理解和吸收新知识，并在新旧知识之间建立起实质性联系，将新知识完全融入已有知识体系中，形成有机整体。让学生能够融会贯通，提高认知技能和能力。

第二，启发思维，发展认识能力。讲解的主要目的除了传授具体知识，更重要的是引导学生开动脑筋、建立正确的思维方式和认知技能。这就要求教师在讲解过程中善于引导和启发学生，充分调动学生思维，引导思维逐层深入，让学生在学习知识的同时学会如何学习知识。教师在运用各种生动形象的讲解方式时，应从具体到抽象、从感性到理性层层递进，帮助学生准确把握认知规律和方法，使学生养成独立思考和解决问题的习惯和能力。

第三，培养求知兴趣，激发学习动机。学习是不同动机共同作用的结果，深受学生情感、情绪等主观因素影响。学习兴趣是积极向上的、良好的学习心理，可以充分调动学生的学习激情和求知欲，产生无限动力。所以，教师要竭尽所能利用各种教学手段激发学生的学习兴趣和积极性，而深具趣味性、灵活性、直观性特征的生动讲解能够很好地达到这一目的。

3. 课件制作技能

传统的语文教学模式注重口授、板书、教材书等方面，教学理念主要是“填鸭式教学”，教师只作为传授者，而学生也只是死记硬背教师所说的知识点。然而，慕课充分利用现代的多媒体技术，使多样化的教学技术得以运用在课程中。慕课学习不再是传统教学口授、板书的课堂，它充分利用多媒体的信息技术，将影像等引入课堂中，使课堂内容变得更加丰富，更有吸引力，学生能够更加专注于课堂内容，学习效果更佳。慕课的课时短，避免了过长的课时让听课的学生注意力分散的问题，更适合于现阶段学生的时间安排，可以让学生充分利用碎片化的时间。慕课的教学模式更注重结构化教学，注重讨论和知识的延伸。相比于学生对基础知识的掌握，慕课更加注重对学生思想的培养，发现法、探究法、合作学习等方法可以帮助学生更好地开展学习。慕课除了课堂教学外，还可以实时追踪学生的课后互动，查看学生的学习状况、听课效果等。慕课可以根据学生的听课情况，开发个性平台，及时调整上课方式，构建人性化的教学。

近年来，互联网技术的成熟和发展推动了教学的发展，使得教育形式发生重大变革。慕课平台的出现，更引发了我国教育事业的变革。在现代社会中，人们的生活节奏越来越快，类似慕课短、精、快的教学模式越来越被大众所接受，被称为反复学习和终身学习的最佳方式。

慕课是一种适应现阶段的新型课程，它将更多的优秀教学资源投入网络，为没有进入知名学校的学生提供学习机会。慕课的发展适应现阶段的生活节奏，所以能够牢牢抓住消费市场。慕课视频时长通常在 1~12 分钟，以此满足学生的学习需求。慕课中微课程的“微”是短小、精练的意思，是各大优秀教师根据新课程标准和课堂时间总结出来的，它以在线教学为目的，将知识框架和重要知识内容在 10 分钟内展现出来，体现了教师对整个知识的掌握程度、对知识的整合能力以及对课外知识的延展能力。

慕课的时长较短，教学目标明确，教学效果更加显著。短时间的教学可以使学生在短时间内注意力高度集中，并且在互联网模式下，使学习更加便利，摆脱时间和地点限制，随时随地学习。传统的网络课程通常是将教师讲课的视频录制下来并且放置于网络上，而此类视频缺乏针对性，缺少个性化，会影响在线学生的积极性，存在不能充分理解、不能持续性学习、导致学生学习热情下降等问题。

（1）视频时长要短小精悍。学生在学习过程中最常遇到的问题是对知识的接受能力较低，学生不能感受到知识的纳入，积极性会被打消。因此，在设计视频时，要重视认知超载的问题，减少视频中与课程无关的信息，将抽象内容具体化，加深学生的理解，降低学生在学习过程中出现难以理解的风险，并且可以在视频中的关键处作出标记，引起学生的关注，以此提高学生的学习效率。慕课的表现方式和学习方式，是将课程进行适当分解，将难以理解的知识进行分解，并把视频控制在 10 分钟以内。一般而言，视频越短，越可以满足学生的学习碎片化需求。在视频短小基础上，教师不应将视频中的知识内容缩减，而是要将内容细化，要让一个视频至少解决一个学习问题，对学习问题进行把握设计、理解、开发和深度讨论。在微课视频中，大多是以问题作为开头，通过讨论问题展开学习。微课视频的短小模式，在课程之初就要开门见山地提出课程主体，通过提问的方式，引起线上与线下互动，引发学生的思考，提高学生的学习兴趣，这样的视频模式和内容可以保证学生集中注意力，提高学习效率。

（2）视频采用丰富的教学手段。微课程是慕课教学的一部分，是慕课学习中的重要组成部分，课程设计者在设计视频时，应适当将各种娱乐图片融入其中，在不同学习内容要求下，选择不同的教育手段。微课视频的教学要不同于传统网络教学，传统网络教学是面向大众的，而微课教学是有针对性地进行个案讲解，通过情景模式引导学生学习。

（3）视频与媒体结合的运用。现在是多媒体信息技术高度发展的时代，教学也需要与时俱进。慕课教学中的微课程视频包含很多媒体要素，如文本、图片等。课程设计者在视频设计之初，需要将这些因素考虑在内，尽量降低学生的认知难度，做到图文并茂，以利用视频等将抽象化、难理解的知识点具体化，帮助学生理解。多媒体系统给予课堂教学丰富的表达形式：鲜丽的色调、惟妙惟肖的界面、动听的乐曲，使知识内容图文并茂，生动形象，在学生认知与教学两者之间搭建起一座桥梁，帮助学生轻松地探寻知识的奥妙。视频与图片对人的吸引力远大于文字，课程设计者要充分认识到这一观点，将视频同媒体充分结合，由此设计出更加高效、更有吸引力的微课视频。

（4）视频配备简练的文字内容。确定基本的视频内容、教学策略等后，课程设计者要对视频进行简单的文字插入，其中包含微课程的标题、章节、知识点、视频时长等。人们对声音的接受需要反应时间，如果再配上文字，对信息的接受则更加快速和具体，学生学习时的效率也会更高。大脑集中时间只有 10 分钟，微课视频要牢牢把握这一时间，在视频设计和制作时，要以 10 分钟作为标准。如若视频过程中出现真实的主讲人，则可以通过动作表达，吸引学生的关注度，帮助学生加深理解。如果只是普通的课堂教学模式，会使学生感觉与传统课堂教学并无区别，微课的本身意义便会失去，学生的学习效率也会降低。所以视频中除了课程教学之外，课程设计者还应该为学生设计提示性信息，可以引发学生的思考，跟上课程进度。例如，利用符号标注，提示学生课程中的关键信息。

由此看出，在慕课的语文课程设计过程中，应该充分把握学生的主体地位，在设计之初就要关注学生的学习需求，只有真正掌握学生的认知程度和学习需求，才能更好地开展课程设计，才能为学生提供更加有效的微课视频，才能形成良性循环。微课视频大多主张开门见山，课程之初便提出问题，通过问题展开对知识的讲述，同时不断抛出问题，引发学生的思考，将实际操作中可能会遇到的问题在课堂中提出，使实际操作可以更加顺利地开展。在做好本期视频内容的同时，微课视频还要在短时间内作好与上一期视频的衔接，巩固上一期内容，同时做好下一期视频的过渡，为下一期的知识内容作好铺垫。

（四）语文课程教学中慕课的运用实践

1. 通过慕课实现语文个性化学习

第一，教师个性化指导。一方面，在线学习辅导，教师可以通过慕课平台为学生提供在线学习辅导，解答学生的问题，指导学生的学习进程；另一方面，个性化评价和反馈，教师可以根据学生的学习表现给予个性化评价和反馈，鼓励学生的进步和提供针对性的指导。

第二，学习路径个性化设置。一方面，学习计划定制，学生可以根据自己的实际情况和兴趣，在慕课平台上自行定制学习计划，安排学习时间和内容；另一方面，学习资源推荐，慕课平台可以根据学生的学习习惯和能力水平推荐相关学习资源，帮助学生高效学习。

2. 通过慕课促进学生创新性学习

第一，激发学生创造力。一方面，设计创造性任务，教师可以在慕课课程中设计一些创造性任务，鼓励学生进行思考和发散性的表达，培养学生的创造力；另一方面，学生作品展示，慕课平台可以提供学生作品展示的平台，让学生展示自己的创作成果，激发更多的学生参与创新。语文教师要秉持学习理念，多浏览慕课平台教学视频，观摩语文名师古诗词、散文、文言文、现代诗歌、中外文学名著等不同模块教学视频，提炼符合自身教学实际，设计全新的语文教学方案，打造一批语文精品课程。

第二，培养学生批判性思维。一方面，引导学生进行信息筛选，慕课平台可以引导学生对所学内容和资料进行批判性思考和评估，培养学生辨别信息真假和有效性的能力；另一方面，开展批判性讨论，慕课平台可以组织学生参与批判性讨论，让学生在学习中形成独立思考和批判性思维的习惯。在实践中，教师需要充分了解慕课的原理和教学方法，进行相应的教学设计和调整。学生则需要积极主动地参与学习，充分利用慕课提供的资源和互动机制。

总而言之，通过语文课程教学慕课的实践，可以为广大学生提供更加灵活、多样化且质量高的语文教育资源。与此同时，也能够培养学生的个性化学习能力和创新思维，为他们未来的工作和生活奠定坚实的语文基础。因此，应该充分发挥慕课在语文教育中的优势和作用，不断地推动语文课程教学慕课的发展和创新，为学生的全面发展和社会的进步作出贡献。

第三章　语文教学策略与高效课堂模式

第一节　语文教学的语言积累策略

一、语文教学语言积累的意义

（一）语言积累数量是决定语文能力的关键要素

语言积累的数量在语文能力的形成过程中起着至关重要的作用。语文学习的基础在于大量的语言材料积累，学生通过长期的积累，才能够逐渐内化语言知识，提高语言运用能力。语言积累的数量直接影响学生的词汇量、语感以及阅读理解能力。因此，注重语言积累数量是提升语文能力的关键。

语言积累的数量不仅指学生掌握的词汇和句子数量，还包括对语言现象、语言结构以及语言运用的广泛涉猎。学生在大量阅读、听说和写作过程中，不断积累语言材料，逐渐形成丰富的语言储备。这种积累不仅包括常用词汇和句型，还涵盖不同类型、不同风格的语言表达方式。通过大量的语言积累，学生能够在多样化的语言环境中不断锤炼自己的语言能力，从而提高语文综合素养。此外，语言积累的数量直接关系到学生的语文应试能力。考试中的阅读理解、写作等环节，无不依赖于学生平时的语言积累。如果学生在日常学习中缺乏语言积累，那么在面对复杂的阅读材料和写作任务时，往往会感到词不达意、思维僵化。因此，注重语言积累数量，才能为学生的语文学习和应试能力打下坚实的基础。

在语文教学中，教师应高度重视语言积累的数量，通过多种形式引导学生进行广泛的语言积累。例如，在课堂教学中，教师可以引导学生反复阅读经典作品，抄写优美句段，背诵名篇佳作；在课外，鼓励学生多读书、多写作，广泛涉猎各类文学作品和语言材料。通过这种方式，学生不仅能丰富语言储备，还能培养良好的语言学习习惯，为语文能力的提升奠定坚实的基础。

（二）语言积累能帮助学生掌握汉语语言规则

汉语语言规则的掌握，是学生在语文学习中能否灵活运用语言的重要标志。大量的语言积累，使学生在潜移默化中熟悉汉语的语法、词汇、句法等语言规则，从而提升其语言运用能力。通过积累，学生不仅能理解语言规则的表层含义，还能深入体会其背后的逻辑和规律。

语言规则的学习并非仅靠理论知识的讲解和记忆，更需要通过大量的实践和积累来加深理解。学生在阅读经典文学作品、背诵诗词歌赋、进行写作练习的过程中，自然而然地接触并掌握了汉语的语言规则。语言积累让学生在真实的语言环境中体会词汇的搭配、句子的结构、语篇的组织，从而更好地理解和运用语言规则。此外，大量的语言积累还可以帮助学生在具体的语言运用中发现和纠正自己的错误。学生通过反复接触和使用规范的语言材料，逐渐形成正确的语言习惯，避免出现常见的语法错误和表达失误。教师在语文教学中，可以通过示范朗读、讲解经典作品中的语言现象，引导学生在积累中掌握语言规则。

一般而言，语言积累对于语言规则的掌握具有重要意义。教师应注重在教学过程中为学生创造丰富的语言积累机会，通过各种形式的阅读、写作和语言实践活动，帮助学生熟悉并掌握汉语的语言规则。例如，组织学生进行经典作品的诵读比赛、写作训练营、语言运用讲座等活动，激发学生对语言积累的兴趣和热情。通过这种方式，学生不仅能提升语言能力，还能加深对汉语语言规则的理解和运用。

（三）语言积累能够丰富学生语感经验

语感是学生在语文学习中对语言敏感度的体现，是一种综合性的语言能力。丰富的语感经验，是学生能够灵活运用语言、准确表达思想的重要保障。语言积累是形成和提升语感的基础，通过大量的语言材料积累，学生可以不断丰富语感经验，从而在语言学习和运用中表现得更加自如和精准。

丰富的语感经验，使学生在阅读和写作中能够迅速抓住语言的关键点，敏锐地感知语言的微妙变化。通过反复接触经典作品中的语言表达，学生逐渐形成了对语言美感和韵律的独特感受，能够准确地把握词语的细微差别和句子的节奏感。这种语感经验的积累，不仅提升了学生的阅读理解能力，也增强了他们在写作中的表现力和感染力。此外，语言积累还可以帮助学生在语言学习中建立起一种直觉性的判断能力。这种直觉性判断，源于学生在大量阅读、背诵、写作中的语言积累，使他们能够迅速判断出语言表达的得体与否、恰当与否。语文教学中，教师应注重通过丰富多样的语言积累活动，帮助学生培养这种直觉性的语感判断能力。例如，通过组织学生进行经典诗文的背诵和赏析、开展语言表达比赛、进行写作点评等活动，帮助学生在积累中提升语感经验。

丰富的语感经验，对于学生的语文学习和语言运用具有重要意义。语文教师应在教学过程中，通过多种途径引导学生进行语言积累，帮助他们不断丰富语感经验。例如，在课内外阅读中，教师可以推荐和指导学生阅读中外经典文学作品，引导他们从中体会语言的美感和韵律；在写作训练中，教师可以通过范文示范和写作点评，帮助学生提升语言表达的精准度和感染力。通过这种方式，学生不仅能在语言积累中丰富语感经验，还能在语文学习中取得更加显著的进步。

二、语文教学语言积累的必要性

（一）积累是量化过程与提高质量的必经途径

语言积累不仅是一个量化的过程，更是实现质的提升的必由之路。量的积累为质的飞跃提供了基础，通过不断增加语言材料的储备，学生在语文能力上会经历一个由量变到质变的过程。语文学习中，语言积累的数量和质量相互依存、相互促进，只有在大量积累的基础上，学生的语文能力才能获得质的飞跃。

在语文教学中，语言积累主要体现在词汇量、句型结构和语言表达方式等方面的增加。学生通过大量阅读经典文学作品、背诵名篇佳作、进行写作训练，逐渐增加语言材料的储备。这一过程不仅是对语言知识的不断吸收，也是对语言运用能力的不断提升。随着积累的语言材料增多，学生对语言的敏感度、理解力和表达力都会逐步提高，从而实现语文能力的质的飞跃。

语言积累还包括对不同类型、不同风格语言表达方式的广泛接触和掌握。学生在阅读过程中，不仅要积累大量的词汇和句型，还要学习和借鉴不同作家的语言风格和表达技巧。通过对这些语言材料的积累和运用，学生能够逐步形成自己的语言风格，提升语言表达的独特性和创造性。量的积累为质的提升提供了丰富的素材和灵感，学生在不断积累和运用中，逐渐实现语言能力的质的突破。此外，语言积累的量化过程还体现在学生对语言规律的掌握上。学生在大量阅读和写作的过程中，逐渐掌握了语言的语法规则、词汇搭配和句法结构等语言规律。这些规律的掌握，使学生在语言运用中能够更加自如地表达思想，准确地传达信息。随着积累的语言材料增多，学生对语言规律的理解和运用能力也会不断提升，从而实现语言能力的质的飞跃。

为了实现语言积累的量变到质变的过程，语文教师应在教学中有意识地引导学生进行广泛的语言积累。例如，通过经典作品的精读和细读，帮助学生深入理解语言的精妙之处；通过写作训练和范文示范，指导学生在写作中运用积累的语言材料；通过语言表达比赛和写作点评，激发学生对语言积累的兴趣和热情。通过这种方式，学生不仅能在语言积累中实现量的增加，还能在不断的实践中实现质的提升。

（二）积累是众多心理因素参与的复杂心理过程

语言积累不仅是知识的积累，更是一个有众多心理因素参与的复杂心理过程。在这一过程中，学生的兴趣、动机、注意力、自信心等心理因素都会对语言积累的效果产生重要影响。因此，语文教学中，教师不仅要关注学生语言材料的积累，还要注重调动和引导学生的积极心理因素，帮助他们在积累过程中获得心理的满足和成长。

第一，兴趣是语言积累的动力源泉。学生只有对语言材料和语文学习产生浓厚的兴趣，才能主动进行语言积累。因此，教师应在教学中通过多种方式激发学生的学习兴趣。例如，通过有趣的语言游戏、生动的课文讲解、丰富的课外阅读材料等，引导学生在愉快的氛围中进行语言积累。兴趣的激发，不仅可以提高学生的学习积极性，还可以增强他们对语言材料的记忆效果，促进语言积累的顺利进行。

第二，动机是语言积累的重要驱动力。学生在语言积累过程中，只有具备强烈的学习动机，才能持之以恒地进行积累。因此，教师应帮助学生树立明确的学习目标，激发他们的学习动机。例如，通过设定阶段性学习目标、组织语言表达比赛、开展写作训练营等活动，激励学生不断努力，追求进步。动机的增强，不仅可以促进学生主动进行语言积累，还可以帮助他们克服在积累过程中的困难和挫折，保持持续的学习动力。

第三，注意力是语言积累的关键因素。在语言积累过程中，学生需要集中注意力，认真观察和记忆语言材料。因此，教师应在教学中通过多种方式培养学生的注意力。例如，通过有针对性的语言练习、分阶段的学习任务、积极的课堂互动等，引导学生在语言积累中保持高度的注意力。注意力的集中，不仅可以提高学生对语言材料的理解和记忆效果，还可以增强他们在积累过程中的自我控制能力，促进语言积累的顺利进行。

第四，自信心是语言积累的保障。学生在语言积累过程中，只有具备自信心，才能积极参与语言实践，展示自己的语言能力。因此，教师应在教学中通过多种方式增强学生的自信心。例如，通过积极的反馈和鼓励、成功经验的分享、同伴之间的合作与支持等，帮助学生在语言积累中建立自信心。自信心的增强，不仅可以提高学生对语言积累的兴趣和动机，还可以帮助他们在语言运用中大胆表达自己，展示自己的语言才能。

三、语文教学语言积累策略的内容

（一）积累词汇

词汇积累是语文教学中最基础的环节，也是学生提升语言表达能力的重要途径。词汇是语言的基本单位，是构成句子的基本材料。一个人语言能力的高低，很大程度上取决于其词汇量的大小和运用词汇的能力。为了提高学生的词汇积累，语文教学可以从以下方面进行策略设计：

第一，系统化的词汇教学是词汇积累的关键。教师应根据教学大纲和教材内容，设计系统的词汇教学计划。每个单元、每篇课文应明确需要掌握的重点词汇，并通过课堂讲解、课后作业、测试等多种形式，帮助学生系统地掌握这些词汇。教师应注重词汇的解释、用法和搭配，帮助学生理解和记忆。此外，教师还可以通过词汇卡片、词汇表等方式，帮助学生进行系统的词汇复习和巩固。

第二，多样化的词汇积累方法有助于提高学生的词汇量。教师应引导学生通过多种途径积累词汇，如阅读、写作、背诵等。广泛的阅读是积累词汇的重要途径，通过阅读经典文学作品、新闻报道、科学读物等，学生可以接触到丰富的词汇和多样的语言表达方式。写作练习则可以帮助学生在实践中运用新学到的词汇，增强记忆效果。此外，教师还可以鼓励学生通过背诵经典诗文、名人名言等方式，增加词汇积累。

第三，积极的词汇使用环境有助于词汇积累的巩固。教师应在课堂教学中创造积极的词汇使用环境，引导学生在课堂讨论、发言、写作中积极使用新学到的词汇。例如，教师可以设计词汇运用的课堂活动，如词汇接龙、词汇竞赛、词汇应用写作等，鼓励学生在实践中运用词汇，增强词汇记忆。此外，教师还可以通过课外活动，如词汇比赛、词汇展示等，激发学生的词汇学习兴趣，促进词汇积累的巩固。

（二）积累名言、警句

名言警句积累是语文教学中的重要内容，对于提升学生的语言表达能力和思想深度具有重要意义。名言警句是语言的精华和智慧的结晶，是语言表达中最精练、最富有哲理的部分。积累名言警句不仅可以丰富学生的语言储备，还可以提升他们的思想境界和文化素养。

第一，系统化的名言警句积累是提高学生语言能力的有效途径。教师应根据教学内容和学生实际情况，设计系统的名言警句积累计划。每个单元、每篇课文可以精选若干经典的名言警句，作为学生积累的重点内容。教师应在课堂教学中，通过讲解、讨论等方式，帮助学生理解这些名言警句的含义和用法。同时，教师还可以设计名言警句积累卡片、积累表等工具，帮助学生进行系统的积累和复习。

第二，多样化的名言警句积累方法有助于提高学生的积累效果。教师应引导学生通过多种途径积累名言警句，如阅读、背诵、摘抄等。广泛的阅读是积累名言警句的重要途径，通过阅读经典文学作品、哲学著作、历史名篇等，学生可以接触到丰富的名言警句和深刻的思想内容。背诵经典名言警句可以增强记忆效果，教师可以设计名言警句背诵任务，帮助学生熟记名言警句。此外，摘抄也是积累名言警句的重要方法，教师可以鼓励学生在阅读过程中，将喜欢的名言警句摘抄下来，形成自己的名言警句积累本。

第三，积极的名言警句使用环境有助于积累的巩固。教师应在课堂教学中创造积极的名言警句使用环境，引导学生在写作、讨论、演讲中积极运用积累的名言警句。例如，教师可以设计名言警句运用的写作训练，如要求学生在作文中引用相关的名言警句，增强文章的思想深度和语言表达效果。此外，教师还可以通过名言警句演讲比赛、名言警句展示等活动，激发学生的积累兴趣，促进积累的巩固和运用。

（三）积累成语、典故

成语和典故积累是语文教学中的重要内容，对于提高学生的语言表达能力和文化素养具有重要作用。成语和典故是汉语言的瑰宝，蕴含着丰富的历史文化和哲理智慧。积累成语和典故，不仅可以丰富学生的语言储备，还可以增强他们的文化底蕴和思维深度。

第一，系统化的成语和典故积累是提高学生语言能力的重要途径。教师应根据教学内容和学生实际情况，设计系统的成语和典故积累计划。教师应在课堂教学中，通过讲解、故事讲述等方式，帮助学生理解这些成语和典故的来源、含义和用法。

第二，多样化的成语和典故积累方法有助于提高学生的积累效果。广泛的阅读是积累成语和典故的重要途径，通过阅读古代经典文学作品、历史著作、成语故事书等，学生可以接触到丰富的成语和典故及其背后的故事和文化背景。背诵经典成语和典故可以增强记忆效果，教师可以设计成语和典故背诵任务，帮助学生熟记成语和典故。此外，摘抄也是积累成语和典故的重要方法，教师可以鼓励学生在阅读过程中，将喜欢的成语和典故摘抄下来，形成自己的成语和典故积累本。

第三，积极的成语和典故使用环境有助于积累的巩固。教师应在课堂教学中创造积极的成语和典故使用环境，引导学生在写作、讨论、演讲中积极运用积累的成语和典故。例如，教师可以设计成语和典故运用的写作训练，如要求学生在作文中引用相关的成语和典故，增强文章的语言表达效果和文化内涵。此外，教师还可以通过成语和典故演讲比赛、成语接龙游戏、典故故事会等活动，激发学生的积累兴趣，促进积累的巩固和运用。

（四）积累富有文采和深刻思想的好文章

积累富有文采和深刻思想的好文章是语文教学中的重要内容，对于提升学生的语言表达能力和思想深度具有重要作用。好文章是语言的典范和思想的结晶，通过积累这些文章，学生可以学习到丰富的语言表达技巧和深刻的思想内容，提升自己的语文素养。

第一，系统化的好文章积累是提高学生语言能力的重要途径。教师应根据教学内容和学生实际情况，设计系统的好文章积累计划。每个单元、每篇课文可以精选若干富有文采和深刻思想的好文章，作为学生积累的重点内容。教师应在课堂教学中，通过讲解、分析等方式，帮助学生理解这些文章的语言特色和思想内涵。

第二，多样化的好文章积累方法有助于提高学生的积累效果。教师应引导学生通过多种途径积累好文章，如阅读、摘抄、背诵等。广泛的阅读是积累好文章的重要途径，通过阅读经典文学作品、现代散文、优秀论文等，学生可以接触到富有文采和深刻思想的文章，学习到多样的语言表达方式和思想内容。摘抄和背诵经典好文章是增强记忆和理解的重要方法，教师可以设计好文章摘抄和背诵任务，帮助学生深入理解和记忆这些文章。此外，教师还可以鼓励学生在阅读过程中，将喜欢的好文章或片段摘抄下来，形成自己的好文章积累本。

第三，积极的好文章使用环境有助于积累的巩固。教师应在课堂教学中创造积极的好文章使用环境，引导学生在写作、讨论、演讲中积极运用积累的好文章。例如，教师可以设计好文章运用的写作训练，如要求学生在作文中引用或模仿相关的好文章片段，增强文章的语言表达效果和思想深度。此外，教师还可以通过好文章演讲比赛、好文章分享会等活动，激发学生的积累兴趣，促进积累的巩固和运用。

通过这些方法，学生不仅可以积累大量的优美词汇、名言警句、成语典故和好文章，还可以在运用过程中不断内化这些语言材料，提升自己的语言表达能力和思想深度。这种积累和运用的过程，不仅是学生语言能力的提高，更是他们思想境界和文化素养的提升。

第二节　语文教学的培养语感策略

一、重视朗读，以朗读的方式体会语言“美”

朗读是语文教学中培养语感的重要手段。通过朗读，学生不仅可以更好地理解文本的内容，还可以体会语言的节奏和韵律，进而感受语言的美。

第一，朗读能够帮助学生理解语言的音乐美。汉语的声母、韵母和声调构成了语言的音韵美，通过朗读，学生可以感受到声韵的和谐与声调的抑扬顿挫。教师在课堂上应有意识地引导学生朗读经典诗文、散文和其他文学作品，让学生在朗读过程中体验到语言的节奏感和音乐美。例如，朗读《声律启蒙》这类韵文时，学生可以通过朗朗上口的音韵，体会到汉语言特有的音律美。

第二，朗读能够帮助学生理解语言的句法美。汉语句法结构的多样性使得语言具有独特的美感。长句的舒缓和短句的急促，排比、对偶、反复等修辞手法，都是语言美的重要体现。通过朗读，学生可以感受到这些句法结构带来的节奏变化和语言美感。教师可以选择一些修辞手法丰富的文章，如朱自清的《荷塘月色》或鲁迅的《故乡》，让学生通过朗读体会语言的句法美。

第三，朗读能够帮助学生理解语言的情感美。语言不仅是表达思想的工具，也是传递情感的媒介。通过朗读，学生可以更好地体会作者的情感，理解文本的深层意义。教师应鼓励学生在朗读时注重语调和情感的表达，通过朗读，学生不仅能理解文本表层的意思，还能感受到文字背后的情感。例如，在朗读《红楼梦》中的经典段落时，教师可以引导学生通过语调的变化来表达贾宝玉和林黛玉之间复杂的情感关系，从而更深刻地理解作品。

二、咬文嚼字，以品味语言方式培养学生语感

咬文嚼字是培养学生语感的另一种重要方法。通过细致地品味语言的字词句，学生可以更深刻地理解语言的表达效果和内涵，进而提升语感。

第一，咬文嚼字能够帮助学生理解词语的微妙差异。汉语词汇丰富且精细，每个词语都有其独特的含义和使用场景。教师应引导学生在阅读过程中细致地品味词语的选择和搭配，理解词语之间的微妙差异。例如，在学习《荷塘月色》时，教师可以让学生比较“静谧”和“宁静”这两个词的区别，体会朱自清在不同语境中选择词语的用意。

第二，咬文嚼字能够帮助学生理解句子的多层含义。汉语句子结构复杂，一个句子往往包含多层含义。教师应引导学生在阅读过程中仔细分析句子的结构和含义，理解句子背后的深层意思。例如，在学习鲁迅的《故乡》时，教师可以让学生分析“我”在回乡过程中的所见所闻，通过细致的品味，理解鲁迅对旧社会的批判和对未来的期望。

第三，咬文嚼字能够帮助学生理解修辞手法的运用。修辞手法是增强语言表达效果的重要手段，通过品味修辞手法的运用，学生可以更好地理解语言的表达效果和艺术魅力。教师应引导学生在阅读过程中注意修辞手法的使用，理解其表达效果。例如，在学习毛泽东的《沁园春·雪》时，教师可以让学生品味词中的比喻、对偶和夸张等修辞手法，体会毛泽东豪迈的气魄和深邃的思想。

三、从语感审美角度，引导学生能动感受语言美

培养学生的语感，需要引导他们能动地感受语言的美感。语感不仅是一种语言能力，更是一种对语言美的敏锐感知。通过从语感审美角度出发，教师可以帮助学生在欣赏语言美的过程中，提升他们的语言素养。

第一，教师应注重引导学生体会语言的形象美。形象美是语言美感的基础，

通过生动的描写和形象的表达，语言能够在读者的脑海中勾勒出具体而鲜活的画面。例如，在学习鲁迅的《故乡》时，教师可以引导学生细致品味其中的描写片段，通过对细节的分析，帮助学生感受语言在塑造形象方面的独特魅力。通过这种方式，学生可以在阅读过程中，体会到语言的形象美，从而增强他们的语感。

第二，教师应注重朗读在语感培养中的重要作用。朗读是感受语言音韵美的重要手段，通过朗读，学生可以体会到语言的节奏、韵律和声调的和谐之美。例如，古诗词是感受音韵美的经典文本，通过朗读《唐诗三百首》中的作品，学生可以体会到汉语的韵律美和节奏感。教师可以通过示范朗读、集体朗读和个别指导等方式，帮助学生掌握正确的朗读方法，让他们在朗读中体会语言的音韵美，从而提升语感。

第三，教师应引导学生感悟语言的情感美。语言是思想情感的载体，词语的感情色彩是语言美感的重要组成部分。例如，在学习《红楼梦》时，教师可以引导学生分析其中的用词，体会作者通过词语传达的细腻情感。通过这种方式，学生可以理解词语的感情色彩，感受语言的情感美。教师还可以鼓励学生在写作中运用具有感情色彩的词语，提升作文的表达效果。通过词语的精确选择，学生可以更好地传达自己的思想和情感，提升作文的感染力和表现力。

四、以语言训练为手段，加强语言思维能力培养

语言训练是培养语感的重要手段，通过系统的语言训练，学生可以不断提升他们的语言思维能力。语言思维能力的培养，不仅有助于学生更好地理解和运用语言，还能提升他们的思维品质和表达能力。

第一，教师应注重词汇积累和运用的训练。词汇是语言的基础，丰富的词汇量是学生语感的重要体现。教师可以通过多种方式，帮助学生积累词汇。例如，通过阅读经典文学作品，学生可以接触到丰富的词汇和表达方式，教师应引导学生在阅读中主动积累词汇，并运用到自己的写作中。同时，教师还可以通过词汇比赛、词语接龙等活动，激发学生的词汇学习兴趣，提升他们的词汇运用能力。

第二，教师应注重语法和句法的训练。语法和句法是语言结构的核心，通过系统的语法和句法训练，学生可以掌握语言的基本规则，提升他们的语言思维能

力。例如，教师可以通过句型转换、句子成分分析等练习，帮助学生掌握语法和句法知识。同时，教师还可以通过写作练习，帮助学生将所学的语法和句法知识应用到实际的语言表达中，从而提升他们的写作能力和语感。

第三，教师应注重逻辑思维和语言表达的训练。语言思维能力不仅包括对语言规则的掌握，还包括逻辑思维和语言表达能力的培养。例如，教师可以通过辩论赛、演讲比赛等活动，培养学生的逻辑思维和语言表达能力。在这些活动中，学生需要运用逻辑思维进行论证，同时通过语言表达清晰地传达自己的观点，这不仅有助于提升他们的语言思维能力，还能增强他们的语感。

第三节　语文教学的读写结合策略

在素质教育背景下，语文教学已经不再停留于传统基础知识传授，而是朝着更加丰富的教学方式发展。尤其是在终身学习理念不断融入教学之后，虽然学生可以在读“屏”阶段获得更加理想的体验，但是这都需要以阅读素养为基础，同时，读与写之间是有着密不可分的关系的，如果在中学语文教学中教师可以从读写结合视角引导学生，这将有助于学生在读与写的相互促进中提高语文素养。

当前，语文教师要结合教学实际需求，积极寻找更多切实可行的教学方法落实读写结合教学模式。因此，教师需要结合学生的成长发展情况分析，科学引导，从而以科学的教学模式带领学生领悟读与写的真谛。

一、充分了解需求，因材施教引读

语文教学中，充分了解学生的需求是实施读写结合策略的关键。每个学生在语文学习中存在着不同的学习需求和水平差异，因此，教师应该针对性地进行教学设计，实现因材施教。

第一，教师深入了解学生信息。教师需要深入了解学生的阅读水平、兴趣爱好以及学习动机等方面的信息，以此为基础进行教学目标的确立和教学内容的选择。这一点至关重要，因为学生的个体差异在阅读教学中起着至关重要的作用。了解学生的阅读水平可以帮助教师合理安排教学内容的难度，确保学生在阅读过程中既不感到过于困难，也不感到过于简单，从而达到最佳的学习效果。同时，了解学生的兴趣爱好可以帮助教师选择与学生喜好相关的文本材料，提高学生的学习积极性和参与度。此外，了解学生的学习动机可以帮助教师设计针对性的教学活动，激发学生的学习兴趣和主动性，从而提高学生的学习效果。

在引导学生阅读时，根据其不同的阅读水平和兴趣爱好，教师应该灵活选择适合的文本材料，帮助学生建立起对文学作品的兴趣和理解。例如，对于阅读能力较弱的学生，教师可以选择一些简单易懂的文本，如故事、诗歌等，配以丰富的插图和生动的情节，帮助学生逐步提高阅读能力，培养其对文学作品的兴趣。而对于阅读能力较强的学生，则可以选择一些深入、拓展的文学作品，如名著、经典文学等，引导学生深入思考和探索，培养其批判性思维和分析能力。通过灵活选择适合学生的文本材料，教师可以更好地激发学生的阅读兴趣，提高其阅读理解能力，为后续的写作活动打下坚实的基础。

第二，因材施教的引读过程设计。教师在实施因材施教的引读过程中，应该根据学生的特点和需求，设计不同形式的阅读活动，激发学生的阅读兴趣和主动性。因材施教的引读过程是针对学生的个体差异和学习需求进行差异化教学的重要方式，可以更好地满足学生的学习需求，提高其学习效果。此外，教师还可以结合学生的兴趣爱好，设计生动有趣的阅读活动，如角色扮演、情景模拟等，激发学生的学习兴趣和参与度。通过这些活动，学生可以在轻松愉快的氛围中学习，提高阅读能力，增强阅读信心。教师还可以组织学生进行讨论、辩论等活动，促进学生之间的交流和思想碰撞，拓展学生的思维广度和深度。通过这些活动，学生可以在挑战与交流中不断成长，提高学习水平，增强综合素养。

通过因材施教的引读过程，教师可以更好地满足学生的学习需求，提高其学习效果和学习动机，为后续的写作活动和语文教学打下坚实的基础。因此，教师应该在教学实践中不断探索，积极运用因材施教的教学原则，为学生提供个性化、差异化的教学服务。

二、丰富教学模式，促进读写结合

除了因材施教引读外，丰富多样的教学模式也是实现读写结合的重要手段。在语文教学中，通过创新教学方法和活动形式，可以更好地促进学生的阅读和写作能力的整合和提升。

第一，课堂讨论与小组合作。教师可以采用课堂讨论、小组合作等形式，引导学生共同阅读文学作品，并展开讨论和交流。在课堂讨论中，学生有机会分享自己的阅读体验和理解，通过与同学的交流和碰撞，进一步拓展自己的思路，提高阅读理解能力。课堂讨论是一种开放式的学习方式，可以促进学生之间的互动和交流，激发学生的学习兴趣和主动性。通过与同学的讨论，学生可以从不同的角度思考问题，拓展自己的思维，提高阅读理解能力。同时，课堂讨论还可以培养学生的批判性思维和表达能力，提高其综合素养和社交技能。

第二，写作活动的开展。教师还可以组织学生开展写作活动，促进学生阅读与写作的结合。写作是语文学习中至关重要的一环，通过写作，学生可以将阅读的理解转化为自己的文字表达，进一步巩固和深化对文学作品的理解。在写作活动中，教师可以引导学生进行读后感、作品赏析、文章写作等不同类型的写作任务，让学生从不同角度深入思考和分析文学作品，提高其文学素养和写作水平。通过写作活动，学生不仅可以加深对文学作品的理解，还可以提高自己的写作能力和表达能力，为将来的学习和生活打下坚实的基础。

在写作活动中，教师应该充分考虑学生的实际情况和学习需求，合理安排写作任务的内容和形式，以激发学生的学习兴趣和主动性。同时，教师还应该及时给予学生针对性的指导和反馈，帮助他们发现问题、解决问题，不断提高写作水平。通过写作活动，学生可以在实践中掌握语言表达的技巧，提高综合素养和文学修养，为未来的学习和生活奠定坚实的基础。

第四节　语文高效课堂模式的构建

一、语文高效课堂模式的认知

（一）语文高效课堂的内涵

“课堂教学是教师向学生传授知识和技能的主要阵地，也是实施素质教育和课程改革的主要渠道，因此，教师要不断打造高效的课堂，引导学生学会学习，乐于学习。"[①] 语文高效课堂注重学科内涵、教学方法和学生发展，在这样的课堂中，教师的教学设计旨在激发学生学习兴趣，提高学科素养，培养学生的语言能力和综合素质。语文高效课堂的内涵涵盖了多个方面，具体如下：

第一，课堂内容要具有深度和广度。语文高效课堂注重知识体系的建构，通过系统而有机的安排，使学生能够逐步深入理解语言、文学、修辞等方面的知识。这不仅包括传统文学作品的学习，还要关注当代语言使用的实际情境，使学生能够在课堂中建构起扎实的语文知识结构。

第二，课堂的教学方法要灵活多样。语文高效课堂强调多元化的教学手段，注重启发式教学、合作学习和问题解决等方法的运用。通过引导学生思考、讨论，培养他们独立分析和解决问题的能力。同时，利用现代技术手段，丰富教学资源，提高教学效果。

第三，关注学生个性化发展。语文高效课堂不仅关注学科知识的传授，更注重培养学生的思维品质、情感态度和文学鉴赏能力。通过分层教学、个性化辅导，满足不同学生的学习需求，使每个学生在语文学科中都能找到自己的发展路径。

第四，语文高效课堂强调与社会实际的结合。课堂内容要与社会现实相贴近，引导学生关注社会问题，激发他们对语文学科的兴趣。通过实际案例的分析，让学生理解语文学科与社会生活的密切联系，培养他们对语文学科的实际运用能力。

（二）语文高效课堂的特征

1. 科学性特征

语文高效课堂的科学性特征体现在其精心设计的课程结构和教学方法上。

（1）科学性的特征表现在深度内涵的知识体系构建上。这一特征要求教师合理规划教学内容，不仅注重传统文学作品的深入解析，还将语言学、修辞学等相

① 马丽娟. 奏响“四部曲”打造语文高效课堂［J］. 新课程导学，2022（17）：83.

关学科知识融入其中。通过有机整合这些知识要点，形成系统完备的语文知识结构，使学生在课堂中能够逐步深入理解语言和文学的本质，实现知识的有机连接。这种深度内涵的知识构建有助于培养学生对语文学科的全面理解，从而在语文素养的提升中取得更为显著的成果。

（2）科学性体现在多元化教学方法的运用上。语文高效课堂注重启发式教学、问题导向学习和合作学习等多样化的教学策略。这不仅有助于激发学生的学科兴趣和主动性，还培养了他们的独立思考和解决问题的能力。教师在教学中通过互动式的授课方式，引导学生深入思考和讨论，促进知识的灵活运用。这样的多元化教学方法旨在提高学生的学科素养，使其能够更好地适应未来的知识社会。

2. 过程性特征

语文高效课堂的过程性特征体现在其注重学生参与、实践性教学和个性化发展等方面。

（1）过程性特征强调学生主体性的参与。在语文高效课堂中，学生被视为学习的主体，教学设计着眼于激发他们的学习兴趣和主动性。通过提供多样化的学习任务和启发式的问题，鼓励学生展开深度思考、自主探究，培养他们在课堂中提出问题、分享见解的积极态度。这种强调学生参与的过程性特征，不仅促进了知识的积累，更培养了学生主动学习和合作学习的能力，使课堂变成一个充满活力和互动的学习场所。

（2）过程性特征体现在实践性教学的强调。语文高效课堂不仅注重理论知识的传授，更强调将语文学科知识与实际生活相结合。通过引导学生分析实际案例、解决实际问题，使课堂变得更加贴近学生的日常生活和社会实际。实践性教学的过程性特征培养了学生的实际应用能力，使他们能够将所学的语文知识运用到实际情境中，提高学科的实用性。

（3）过程性特征还体现在个性化发展的关注。语文高效课堂充分考虑学生的个体差异，采用分层教学、个性化辅导等策略，根据学生的水平和兴趣差异进行差异化的教学设计。这种关注学生个性的过程性特征，使每个学生能够在适应自己学习风格的情况下，更好地理解和掌握语文知识，实现个性发展的最大潜力。

3. 启发性特征

语文高效课堂的启发性特征是其一项引人注目且具有重要影响力的教学特质。启发性的核心在于在教学中教师要视学生为学习的主体，注重调动其学习主动性，引导他们独立思考，积极探索，生动活泼的学习。另外，启发性特征的突出体现使得语文高效课堂不仅是知识传递的场所，更是思维能力和创造力的沃土。

（1）启发性特征体现在教学中对学生主体地位的强调。在语文高效课堂中，教师不再是知识的单一传递者，而是引导者和促使者，致力于唤起学生对知识的兴趣。这种转变体现在多个方面。首先，教师通过设计开放性的问题和任务，使学生在思考和讨论中成为学习的主体。教师引导学生质疑课文内容，提出自己的见解，并通过小组讨论和互动活动，促进学生之间的交流与合作。在这种学习氛围中，学生不仅是知识的接受者，更是知识的创造者和发现者。其次，教师鼓励学生在课堂上积极表达自己的观点，并通过多种评价方式，如课堂表现、课后反思等，给予学生及时的反馈和肯定。这种教学方法不仅增强了学生的学习积极性，还培养了他们的批判性思维和创新能力，使学生在语文学习中更加自主和自信。最后，教师通过个性化的辅导和指导，关注每个学生的学习需求和发展潜力，帮助他们在语文学科中找到自己的兴趣点和优势领域。这种以学生为中心的教学模式，真正实现了因材施教，促进了学生全面而个性化的发展。

（2）启发性特征强调在教学中调动学生学习主动性。在传统教学中，学生往往是被动接受知识的对象，而在语文高效课堂中，教师注重调动学生的学习主动性。教师通过启发式的提问和引导性的任务设计，激发学生的思考欲望。例如，教师可以通过设置具有挑战性的问题情境，引导学生进行深入思考和探究，从而激发他们的求知欲。通过这些启发式的教学方法，学生在课堂上不仅是接受知识，而是积极参与到知识的建构过程中。此外，教师还通过项目式学习、探究性学习等多种教学方法，鼓励学生自主选择和设计学习任务，使他们在自主探索中建构知识。这种教学方法不仅提高了学生对知识的理解和掌握程度，还培养了他们的问题解决能力和创新能力。学生在积极参与的过程中，不仅提高了对知识的接受度，更培养了他们主动学习的能力，从而实现了学习的高效性和持续性。

(3) 启发性特征体现在引导学生独立思考和积极探索的方法上。教师在语文高效课堂中注重启发学生独立思考的能力，通过提供开放性的问题，鼓励学生展开自主思考，寻找问题的解决途径。例如，教师可以通过提出具有多种可能性的开放性问题，引导学生从不同角度进行分析和探讨，培养他们的逻辑思维和批判性思考能力。此外，教师还通过各种探究性活动，如辩论赛、角色扮演等，激发学生的好奇心和探索欲，使他们在实践中不断思考和反思，逐步形成自主学习的习惯和能力。这样的引导方式不仅培养了学生的独立思考能力，还提高了他们的分析和解决问题的能力，使其在面对问题时能够更加从容地进行独立思考和深度分析。另外，生动活泼的学习是启发性特征的另一显著体现。教师在设计教学活动时注重以生动活泼的方式呈现知识，采用多媒体、实例演示等方式，使学习内容更加具体形象，激发学生的兴趣。通过这些富有趣味性的教学活动，学生不仅更容易理解和接受知识，还能在轻松愉快的氛围中培养学习兴趣和积极性，使其在学习过程中保持良好的学习状态，从而实现高效的语文教学目标。

4. 系统性特征

语文高效课堂的系统性特征展现了其全面规划和有机整合的教学模式，这一特征体现在教学设计、学科知识体系、评价体系等多个方面，旨在提供学生全方位的语文学科学习经验。

(1) 系统性特征在语文高效课堂的教学设计上显著体现。在语文高效课堂的教学设计中，系统性特征无疑是其核心理念之一。教师在课程设计时注重将各个知识点、教学环节有机结合，形成系统完备的课程结构。这种设计理念要求教师在规划教学内容时，不仅要考虑到知识点的相互关联性，还要注重教学环节的内在逻辑性。通过合理安排课程的逻辑顺序，教师能够在学生逐步深入学习的过程中，巧妙引导学生由表及里，由简到繁，形成系统性的学科认知。例如，在学习《红楼梦》时，教师可以从小说的基本情节入手，再深入到人物性格分析，最后探讨作品的社会背景和思想内涵。这样的设计不仅促进了知识的深度学习，还帮助学生建立起更为完整的语文知识体系。此外，系统性的课程设计还体现在教学目标的层次性上，从基础知识的掌握到高级技能的培养，教师通过循序渐进的教学安排，使学生在不同的学习阶段都能够获得相应的成长和提升。

（2）系统性特征体现在对语文知识体系的深入拓展。语文高效课堂不仅注重传统文学作品的学习，还融入了语言学、修辞学等相关领域的知识。通过对这些知识领域的有机整合，学生能够更全面地理解语言的运用、文学的内涵以及语言学的基本原理。例如，在学习古典诗词时，教师不仅讲解诗词的字面意思和文化背景，还结合语言学的知识，分析诗词的语言特点和修辞手法。这样的教学方法，不仅拓展了学生的知识面，还培养了他们对语言的敏感度和理解力。这种深入拓展的知识体系，不仅有助于提高学生的语文素养，还培养了他们对语文学科更为全面的认知。通过系统性的知识拓展，学生能够从不同的角度和层次去理解和感受语言的魅力，从而形成一种综合性的语文能力。此外，教师在教学过程中注重跨学科知识的融合，如将历史、哲学、美学等学科知识引入语文教学，使学生在语文学习中能够接触到更多元化的知识背景和思维方式，进一步提升他们的综合素质和学科素养。

（3）系统性特征在评价体系的建构上也得到了体现。语文高效课堂的评价体系不仅注重考查学生对知识的掌握程度，更着眼于学科素养和综合能力的培养。为了全面反映学生的学习成果，教师采用多元化的评价手段，包括作业、考试、项目评估等。作业评价不仅考查学生对课堂内容的理解和掌握，还鼓励学生进行自主创作和独立思考。考试评价则侧重于学生对知识的系统掌握和应用能力，通过不同类型的题目设置，全面评估学生的语文水平。项目评估则通过实践活动和课题研究，考查学生在实际操作中的综合能力和团队合作精神。这种系统性的评价体系，不仅有助于真实地反映学生在语文学科中的综合素质，还促使他们在不同方面全面发展。此外，教师在评价过程中注重学生的个体差异，通过个性化的评价方式，如学生自评、互评和教师点评，帮助学生认清自身的优点和不足，激发他们的学习兴趣和动力。在评价反馈中，教师注重给予建设性的意见和指导，帮助学生不断改进和提升，从而实现全面发展的目标。通过这样系统性的评价机制，语文教学不仅关注学生当前的学习效果，更注重其长远的发展潜力和综合素质的培养。

（三）语文高效课堂的原则

高效课堂是“将语文课堂以效率最大化、效益最优化的形态完成语文教学任务”①，一般而言，需要遵循以下原则。

1. 基础性的原则

在语文高效课堂教学中，掌握扎实的基础知识、基本技能以及熟练运用语文基本思想和方法是学生全面发展的基础，也是灵活运用知识分析和解决问题的关键。因此，语文高效课堂的教学理念必然要强调基础知识的学习、基本技能的训练以及基本方法的熟练运用，这一基本原则不仅是高效语文教学的前提，更是保障学生在语文学科中取得整体效益的重要保证。

（1）基础知识的学习是语文高效课堂不可或缺的一环。基础知识是学科学习的基石，包括语法、词汇、修辞等，这些知识的掌握直接影响学生的语文素养。在语文高效课堂中，教师应注重对基础知识的系统性传授，引导学生深入理解，形成扎实的知识体系。通过细致讲解和实际应用，学生能够更好地理解和运用这些基础知识，为深层次的语文学习奠定坚实的基础。

（2）基本技能的训练在语文高效课堂中同样占据重要地位。基本技能包括阅读、写作、听说等，是学生进行语文活动的基本手段。通过有针对性的技能训练，使学生能够更加熟练地运用这些技能解决实际问题。在语文高效课堂中，教师应注重通过实际案例、练习题等方式，引导学生反复练习，提高其基本技能的水平。这种系统性的技能培养不仅有助于学生在考试中的临场发挥，更使他们在日常语文学习和应用中得心应手。

（3）熟练运用语文基本思想和方法是语文高效课堂的重要内容。语文学科具有独特的思考方式和方法，包括文学鉴赏、修辞分析、文本解读等。在课堂中，教师应引导学生理解这些基本思想和方法，并通过实际文本进行实际操作。培养学生在面对不同文学作品时能够有条理地运用相关思想和方法进行分析和解读，从而提高他们的文学素养。

---

① 杨进明. 语文高效课堂浅谈［J］. 新一代（下半月），2015（5）：185.

（4）强调基础知识、基本技能和基本方法的扎实运用，实际上是为了培养学生分析问题和解决问题的能力，这种能力远非机械性背诵所能达到的，而是需要学生在深层次的理解和灵活运用中逐步培养和发展起来的。因此，语文高效课堂要重视培养学生的思辨能力、创造力和综合运用能力，使他们在面对复杂问题时能够迅速而准确地运用所学知识，形成独立解决问题的能力。

2. 循序渐进的原则

循序渐进原则是指教学要按照学科的逻辑系统和学生认识发展的顺序进行，使学生系统地掌握基础知识、基本技能，形成能力。语文高效课堂在贯彻循序渐进性原则时，需充分考虑教学的系统性、重点难点的处理，以及由浅入深、由易到难、由简到繁的教学顺序。这一原则有助于创设有序的学习环境，促使学生更好地理解和掌握语文知识。

（1）按照教材的系统性进行教学是循序渐进性原则的首要要求。教材作为语文教学的基础，具有一定的组织结构和知识体系。通过按照教材的系统性进行教学，教师能够确保学生在学习过程中逐步建立起对语文知识的整体认知。这有助于避免知识的零散性和孤立性，使学生更好地理解语文的内在联系和逻辑关系。

（2）解决好重点与难点的教学是贯彻循序渐进性原则的重要环节。语文知识体系庞大，存在一些难以理解和掌握的知识点，因此，教师在教学中需要有针对性地处理这些重点和难点。通过灵活的教学方法和生动的教学手段，教师能够引导学生逐步攻克难关，使学生在学习中形成对知识的深刻理解。

（3）由浅入深、由易到难、由简到繁的教学顺序是实现循序渐进性原则的有效途径。这种顺序能够很好地满足学生认知发展的规律，使学生在学习过程中逐步深入，不至于感到过于困难或失去兴趣。通过逐步升级的难度，学生能够在自己的认知水平上找到适度的挑战，促进学习兴趣的培养和保持。

在语文高效课堂中，循序渐进性原则的贯彻不仅能够提高教学效果，也有助于培养学生的学习兴趣和自主学习的能力。通过有序而渐进的教学过程，学生将更好地理解和掌握语文知识，形成持久的学习体验，为语文素养的提升奠定坚实的基础。

3. 因材施教的原则

因材施教的原则是一项重要的教学理念，语文高效课堂中的因材施教原则，强调教师应充分考虑学生的个体差异和实际情况，有针对性地进行差异化教学，确保每个学生都能够充分发展，实现个性化的学习成果。在贯彻因材施教原则的过程中，有一系列基本要求和措施，旨在为学生提供更加个性化、差异化的教育。

（1）针对学生的特点进行有区别的教学是因材施教的基本要求之一。每个学生都具有独特的学习风格、兴趣爱好和认知能力，因此，教师在教学中需要深入了解每个学生的个体差异。通过观察、交流和评估，教师能够更准确地把握学生的学习需求和潜力，有针对性地设计教学活动，满足不同学生的学习需求。

（2）采取有效措施使不同的学生得到充分的发展是贯彻因材施教原则的实践举措。这包括了多元化的教学方法和策略的应用，以满足不同学生的学习风格和速度。教师可以采用个性化的学习资源、灵活的评价方式，甚至是小组合作和项目式学习等手段，以激发学生的学习兴趣和发展潜力。通过这些措施，每个学生都能够在适应自身特点的环境中实现更全面的发展。

（3）因材施教的原则还需要教师关注学生的学习动机和情感需求。教师应该激发学生的学习兴趣，培养积极的学习态度，鼓励学生在学习中体验成就感。通过建立积极的学习氛围，教师能够更好地引导学生克服困难，树立学习自信心，从而更好地实现个性化的发展。

（4）因材施教的原则还要求教师关注学生的综合素质培养。除了关注学科知识的传授，教师还应该培养学生的创新思维、团队协作能力、沟通表达能力等综合素质。这涉及在教学中注重培养学生的问题解决能力、批判性思维和创造性表达，以及通过课外活动和实践经验的引导，拓宽学生的视野和经验。

总而言之，因材施教的原则需要教师在教学设计和实施中保持灵活性和创新性，不断调整教学策略，关注学生的个体发展，创造一个充满关怀和激励的学习环境。通过因材施教，每个学生都有机会在个性化的教育中充分发展，取得更好的学业成绩，塑造更健康、积极向上的人格。因此，因材施教的实践对于提高教育质量、培养全面发展的学生具有重要意义。

4. 及时矫正反馈的原则

语文高效课堂强调学生提高的过程需要自身的内省和反思，同时也需要教师的纠正和反馈。在这一理念下，教师被视为学生学习道路上的引导者和指导者，负责通过检测和反馈机制，及时了解学生学习的状况，以便为学生提供正确的信息和帮助，使他们更好地纠正学习行为，提升学习效果。首先，语文高效课堂要求教师通过检测手段及时了解学生的学习状况。这包括定期进行测验、考试，通过课堂互动和问题解答等方式获取学生对知识的掌握情况。通过检测，教师可以客观地了解学生的学习水平、认知差异和存在的问题，为后续的教学调整提供有力的数据支持。其次，教师需要将正确的信息及时反馈给学生。通过详细的批改作业、个性化的评价和一对一的指导，教师能够向学生传递关键的学习信息，使其清晰了解自己的学业状况。这种及时的反馈不仅能够纠正学生的错误，还能够激发学生的学习动力，引导他们更好地理解和运用知识。

需要注意的是，在学生的自主学习与合作探究中，往往存在知识和方法不够系统的情况。为了弥补这一不足，语文高效课堂提出增加归纳与总结环节的重要性。通过课堂教学过程中的反思总结、画知识思维导图等方式，学生可以对所学知识和方法进行系统梳理，体现知识和方法的系统性与规律性。这有助于学生更深入地理解和掌握学科内容，培养学生的归纳总结能力和自主学习能力。

5. 巩固与发展相结合的原则

在语文高效课堂中，语文学习被视为一个不断向前发展的过程，其中巩固与获取有关知识技能相辅相成，这种发展与巩固并非二者对立，而是相互促进、相互交织的过程。在教学实践中，教师应当巧妙地调节这两方面的进程，使学生在不断巩固的基础上能够实现知识与技能的前进，从而达到更好的教学效果。

理解语文学习过程中的巩固阶段是至关重要的。巩固是指通过复习、实践和运用，将已学知识与技能牢固地嵌入学生的记忆和认知体系中。这一阶段的主要任务是确保学生对基础知识的掌握程度，使其形成稳固的学科基础。在巩固阶段，教师可以通过让学生进行复习总结、解决问题、应用知识等方式，巩固他们已学知识，培养他们的学科思维和应用能力。同时，巩固并非一个静止的状态，而是一个动态的过程。因此，在巩固的基础上向前发展是非常必要的。在学生已经掌握一定基础的情况下，教师应当引导学生通过深度学习、拓展知识、运用技能等方式，进一步拓展学科边界，促使学生在学科中实现更高层次的发展。这一发展阶段旨在培养学生的创新思维、综合运用知识的能力，使其能够更好地应对复杂多变的现实问题。

在语文高效课堂的教学中，为了实现巩固与发展的有机结合，教师需要采用灵活多样的教学方法。在巩固阶段，教师可以运用讲解、练习、例题演练等教学手段，帮助学生巩固基础知识。而在向前发展的过程中，教师则应鼓励学生参与讨论、展示、研究性学习等活动，引导他们主动获取新知识，培养创造性思维。另外，在巩固与发展的过程中，个性化的教学也显得尤为重要。由于学生的差异性，教师需要关注每个学生的学科水平、学科兴趣、学习方法等方面的特点，有针对性地设计巩固和拓展的任务，使每个学生在巩固基础的同时，能够根据个人能力和兴趣逐步向前发展。

6. 工具性与人文性统一的原则

在语文高效课堂中，工具性与人文性的统一原则是关键所在，这一原则要求教学既要注重培养学生的实际语文应用能力，又要关注学生的情感体验和人文素养。工具性强调语文的实用性和应用性，而人文性则凸显语文的情感价值和文化内涵。将这两者统一起来，有助于形成既能够满足学科要求，又能够激发学生学习兴趣的课堂教学模式。

（1）工具性与人文性的统一的原则要求教学注重实际应用。在语文高效课堂中，工具性与人文性的统一要求教学注重实际应用。语文作为一门工具性学科，其最终目的是使学生能够在现实生活中更好地运用语言进行交流表达。因此，语文高效课堂需要通过实际的语言运用场景，让学生学会运用语文工具解决实际问题，提高他们的实用能力。例如，通过模拟真实场景的对话、写作任务等，使学生在实际应用中逐步提升语文技能，培养实际语用能力。这种实践性的教学方法不仅使学生更加深入地理解语文知识，还能够培养他们的创造性思维和解决问题的能力，从而更好地适应未来社会的挑战。

（2）工具性与人文性的统一的原则强调要注重学科内涵与情感体验的融合。语文高效课堂的统一原则要求教学注重学科内涵与情感体验的融合。人文性要求教学关注学生的情感体验，通过文学作品、经典诗文等引导学生感悟人生、思考价值观。在语文高效课堂中，教师可以通过深入解读文本背后的情感和思想，引导学生体验语言之美、情感之深。通过与学科内涵的融合，学生可以更深刻地理解文学作品的内涵，同时激发他们对语文学科的热爱和探究欲望。这种情感体验不仅能够增强学生的情感认同，还能够促进其对文学艺术的审美理解，培养其人文素养和情感表达能力。

（3）工具性与人文性的统一的原则要求教学注重培养学生的批判性思维。语文高效课堂的统一原则要求教学注重培养学生的批判性思维。工具性强调实际运用，人文性强调情感体验，而批判性思维则是统一两者的桥梁。在课堂教学中，教师可以通过启发学生提出问题、辨析观点、分析文本等方式，培养学生在实际应用中更具深度的思考和分析能力。这种综合性的培养有助于学生全面发展，既能够应对实际问题，又能够在文学作品中发现深刻的内涵。通过批判性思维的培养，学生能够更加理性地对待问题，更加客观地分析事物，从而提升自己的综合素质和学科能力。

（4）工具性与人文性的统一的原则要求教学中注重知识与能力的统一。语文高效课堂不仅要传授语言知识，更要培养学生的语言运用能力。通过对语言知识的深入讲解，结合实际运用场景，使学生能够灵活运用所学知识解决问题，达到知识与能力的有机统一。这种统一有助于学生全面提升自身素养，形成对语文学科的全面理解。同时，教师在教学过程中还应注重学生的实践能力培养，通过课堂练习、作业布置等方式，让学生在实践中不断巩固和提升所学知识，形成知识与能力相辅相成的学习格局。通过这种全面性的教学设计，学生能够更好地理解语文学科的内涵，同时也能够在实际生活中灵活运用所学知识，实现知行合一的教学目标。

二、语文高效课堂模式的构建策略

语文教育是培养学生语言运用能力、文化素养以及批判性思维的重要途径。而构建一个高效的语文课堂，不仅需要理论的支持，更需要在实践中不断完善。

（一）具备明确的目标

构建语文高效课堂的第一个要素是目标明确。教育的目标是教学活动的出发点和落脚点，明确的目标有助于引导教学过程，使学生在学习中有方向感。在语文教育中，目标明确包括两个方面：一是培养学生的语言运用能力，包括听、说、读、写等方面；二是培养学生的文化素养，使其能够理解并感受语言背后的文化内涵。通过设定清晰的学习目标，可以帮助学生更好地理解学科的重要性，提高学习的主动性和积极性。

在实践中，目标明确需要与学科的特点相结合，注重学科知识与学科能力的统一。例如，在课堂教学中，可以通过设计有针对性的任务，让学生在实际运用中不断提升语文能力，同时注重培养他们对文学作品、历史文化等方面的感知与理解。

目标明确的教学设计需要考虑到学生的实际水平和发展需求，因此，在设定目标时应该具体明确，既要符合学科教学大纲的要求，又要贴近学生的学习实际。同时，目标的设定应当具有可操作性和可评估性，方便教师进行教学过程的监控和评估，及时调整教学策略，以确保学生能够达到预期的学习效果。

（二）科学的教学设计

构建语文高效课堂的第二个要素是科学的教学设计。教学设计被视为整个教学过程的蓝图，其科学性直接影响到教学效果的提升。在语文教育领域，教学设计的科学性需要紧密结合学科知识结构，通过合理设置教学环节，确保学生在不同层次、不同领域的知识上都能够得到全面拓展。

第一，科学的教学设计应该贴近学科知识结构，将教学内容有机地融入整体设计中。在语文课堂中，学科知识包括语言的听、说、读、写四个方面，以及文学、历史、社会等多个领域。因此，教学设计需要根据学科的多元性，合理设置任务，引导学生在实际运用中全面发展。

语文教学是一个涵盖广泛、内容丰富的学科，它不仅包括语言文字的运用，还涉及文学作品的解读和社会文化的理解。因此，科学的教学设计需要将这些方面有机地融合在一起，构建一个完整的知识体系。在教学过程中，教师可以根据学科的特点和学生的实际情况，合理安排课程内容，使得语文知识能够贯穿整个教学过程中，同时充分考虑到学生的学习需求和发展水平。此外，教学设计还应该注重任务的设置和活动的安排。通过设计具有挑战性和启发性的任务，可以激发学生的学习兴趣和主动性，使他们在实践中不断提升语文能力。例如，可以设计一些项目式的任务，让学生在小组合作中完成文学作品的解读和创作，或者组织一些实地考察活动，让学生通过实践感知语言在社会生活中的应用，这样的设计有助于学生全面发展，提高语文素养。

第二，科学的教学设计要注重启发性教学，激发学生的思辨和探究精神。传统的知识灌输模式已逐渐不适应当今教育的需求，取而代之的是鼓励学生主动思考、积极参与的教学方式。在语文课堂上，可以通过提出开放性问题、组织小组合作等方式，激发学生的思考与创造力，这样的设计有助于培养学生独立思考的能力，提高他们对知识的理解深度。

启发性教学是一种强调学生主体性和参与性的教学理念，它注重的是学生的思维活动和问题解决能力的培养。在语文课堂上，教师可以通过设计一些富有启发性的教学活动，如提出有趣的问题、组织小组讨论、展示学生的作品等，来激发学生的思维和创造力。这样的教学设计有助于培养学生主动学习的意识和习惯，提高他们的学习兴趣和积极性。同时，启发性教学也需要教师具备一定的教学技能和方法。教师应该善于引导学生思考，灵活运用各种教学手段，创设良好的学习氛围，使学生在积极参与的过程中不断地探索和发现，从而实现知识的有效传递和学习的有效实施。

第三，多元化的评价手段也是科学教学设计的重要组成部分。传统的教学评价往往以考试为主，忽略了学生个体差异和多元化的发展需求。在语文高效课堂中，可以采用多样的评价方式，包括口头表达、写作、小组展示等形式。这有助于更全面地了解学生的学科素养和个体差异，为教学提供更为准确的反馈。多元化的评价手段可以更好地满足学生的学习需求和个体差异。通过不同形式的评价方式，可以全面了解学生的学业表现和学习进步。口头表达可以考查学生的语言表达能力和逻辑思维能力，写作则能够展现学生的文字表达能力和思维深度，而小组展示则可以观察学生的团队合作能力和表达能力。

在语文高效课堂中，教师可以根据学习内容和学生的学习特点，灵活运用不同的评价方式。例如，在课堂讨论中，教师可以通过观察学生的发言质量和思维深度，来评价他们的参与程度和理解能力；在写作任务中，可以评价学生的文采和观点表达是否准确；而在小组展示环节，则可以评价学生的团队协作能力和表达技巧。此外，多元化的评价方式还可以激发学生的学习兴趣和参与度。相比于传统的笔试形式，口头表达和小组展示更能够激发学生的自信心和表达欲望，使他们更加愿意积极参与到课堂教学中来。同时，这些评价方式也更能够真实地反映学生的学习水平和能力，为教师提供更为准确的评价依据，有助于更好地指导学生的学习和成长。

第四，科学的教学设计需要在整个教学过程中保持灵活性，根据学生的反馈和实际情况进行及时的调整。教学设计不是一成不变的固定模式，而是一个不断完善和调整的过程。在语文课堂上，教师可以通过观察学生的学习状态、听取他们的意见，及时进行教学策略的调整，确保教学过程更加贴近学生的实际需求。

保持教学设计的灵活性能够更好地适应学生的学习特点和需求。每个学生都有自己的学习方式和学习节奏，教师需要根据学生的实际情况，灵活调整教学策略和教学方法，使之更符合学生的学习需求。例如，如果发现学生在某个知识点上存在普遍困难，教师可以通过重新解释或引入新的教学资源来帮助学生理解，从而更好地促进教学效果。此外，保持教学设计的灵活性还能够更好地应对突发情况和教学变化。在语文课堂上，可能会出现学生学习兴趣下降、理解困难等情况，教师需要根据实际情况及时调整教学策略，采取相应的措施，保证教学过程的顺利进行。只有保持灵活性，才能更好地适应学生的学习需求，提高教学效果，实现教育目标的有效达成。

（三）活跃的师生互动

构建语文高效课堂的第三个要素是师生互动活跃。师生互动作为教学的精髓，其活跃程度直接关系到学生是否能够更好地参与学习过程，以及课堂氛围是否能够形成积极向上的态势。在语文课堂中，师生互动应该在多个层面体现，其中包括教师提问与学生回答、小组合作、互动性的讲解等方面。而实现活跃的师生互动，教师需要具备出色的教学沟通能力。

1. 巧妙设计问题

教师在师生互动中可以通过巧妙设计引人入胜的问题，从而激发学生表达的兴趣。问题的设计需要考虑到多个方面，包括语文知识的深度和广度，以及学生的认知水平和思考习惯。首先，问题的设计应该具有一定的挑战性和深度，能够引发学生思考的欲望，激发其求知的动力。例如，在讨论文学作品时，可以提出一些开放性的问题，引导学生对作品进行深入解读和思考，如“作品中的主题是什么？作者通过哪些手法表达了这一主题？”这样的问题不仅能够引导学生深入挖掘作品的内涵，还能够培养其独立思考的能力。其次，问题的设计还需要考虑到学生的认知水平和思考习惯，以确保问题对学生具有启发性和可操作性。教师可以根据学生的实际情况，设计符合其认知水平的问题，避免问题过于晦涩或简单。同时，问题的设计应该能够激发学生的好奇心和求知欲，让他们对问题产生浓厚的兴趣，愿意积极参与到课堂互动中。通过巧妙设计的问题，教师能够引导学生主动思考，积极参与到课堂互动中，从而增强了学生对知识的吸收，也培养了其独立思考的能力。

2. 进行及时反馈

及时的反馈是活跃师生互动的重要环节。教师通过对学生回答的即时评价，能够了解学生对知识的理解情况，发现问题，及时进行纠正和引导。这种及时的反馈不仅有助于学生纠正错误，更能够激发他们对学科的兴趣，促使其更深入地探究相关知识。例如，在学生回答问题后，教师可以及时给予肯定或建议，指导学生改进回答方式或思考角度，让学生感受到自己的进步和成长。同时，通过对学生表现的关注和认可，教师还能够建立起良好的师生关系，增强学生的学习动力和信心，使其更愿意参与到课堂互动中。

3. 进行小组合作

小组合作是师生互动中的另一种形式，也是促进学生交流与合作的有效方式。通过组织学生进行小组合作，教师能够促使学生之间的思想碰撞，激发彼此之间的智慧火花。在语文课堂中，可以通过小组讨论文学作品、解读古文等形式，让学生在互相合作中学到更多，也增强了课堂的活跃度。例如，教师可以将学生分成小组，让他们共同研究一个文学作品，然后在小组内进行讨论和交流，分享各自的观点和理解，从而加深对作品的理解，提高学习效果。通过小组合作，学生不仅能够在协作中提高自己的学习能力，还能够培养团队合作精神，增强集体凝聚力，促进课堂氛围的活跃和良好发展。

（四）合理科学的评价

语文高效课堂的还需要合理科学地进行评价。评价是教学过程中的反馈机制，通过科学合理的评价，可以更好地指导学生的学习方向，促进教学的有效进行。在语文教育中，评价不仅是对学科知识的检测，更是对学生语文能力、文化素养的综合评估。科学的评价应该注重考查学生的综合素养，包括语言表达能力、文学鉴赏能力、批判性思维等方面。评价工具要多样化，包括作业评价、项目评价、考试评价等，通过多角度的评价，更全面地了解学生的学业水平。此外，评价结果需要及时反馈给学生，帮助他们理解自身的优势和不足，形成自主学习的习惯。

（五）理论与实践融合

构建语文高效课堂的要素之间并非孤立存在，而是相互关联、相互影响的。理论与实践的融合是构建高效课堂的核心。教育理论为教学提供了指导原则，而实践则检验和完善了理论。在构建语文高效课堂的过程中，教师需要灵活运用各项要素，因材施教，注重实际操作，通过不断的实践和反思，提升教学水平。

第一，要素之间的相互关联在语文高效课堂的构建中显得尤为重要。教学目标的设定需要与教学内容相匹配，而教学内容的选择又要考虑到学生的实际水平和兴趣，这种内在的相互关联确保了课堂活动的连贯性和有效性。首先，教学目标的设定应该是有针对性的，与学科的核心素养和学生的发展需求相一致。例如，如果一个教学目标是提高学生的文学鉴赏能力，那么选取的文学作品应当具有一定的难度，并且与学生的生活经验相联系，以引起学生的兴趣和思考。其次，教学内容的选择也应当与教学目标相契合，使学生能够在学习过程中达到预期的目标。例如，在讲解古诗词时，教师可以选择与当下社会背景相关的古诗词，让学生在欣赏诗词的同时，能够感受到其对当代生活的启示和指导。这种关联性不仅是单一要素的表现，而是整个课堂活动的内在联系，使学生在参与过程中形成深刻的认识和体验，从而提高学习效果。

第二，教育理论与实践的结合在语文高效课堂建设中扮演着关键角色。教育理论为教学提供了指导原则和方法，而实践则是理论的验证和完善过程。在语文教学中，教师可以通过理论的指导，更好地理解学生的认知规律和学习需求，从而设计出更科学、更有效的教学活动。例如，基于情境认知理论的语文教学强调将语言学习置于实际情境中，让学生通过感知和体验来理解语言。在实际操作中，教师可以通过组织学生进行角色扮演、小组合作等方式，让语言学习更具情境感，更贴近实际运用。通过理论指导实践，教师能够更科学地设计课堂，提高教学效果，增强学生的学习动力和成就感。

第三，教师的灵活运用各项要素并通过因材施教的方式，是构建高效语文课堂的重要策略。因材施教要求教师根据学生的个体差异，巧妙运用各种教学手段，使每个学生都能够得到最有效的教育。在语文课堂中，教师可以根据学生的兴趣、学科素养水平等差异，差异化地设置教学任务和活动，以满足每个学生的学习需求。例如，对于阅读能力较弱的学生，教师可以采用分级阅读的方式，提供适合其水平的文本，并配以相关的辅助材料，帮助其理解文章内容。而对于阅读能力较强的学生，则可以提供更加深入、拓展的阅读材料，引导其深入思考和探索。通过灵活的教学方法，教师可以更好地激发学生的学习兴趣，提高课堂的互动性和吸引力，从而促进学生的全面发展。

第四章 语文教学的课型模式及其评价

第一节 语文教学的复习课型模式

“提高语文复习效率是一项既考验学生更考验教师的工作，需要学生和教师的共同努力，尤其需要教师在教学实践中不断反思、探索和改进”①。复习课程主要针对的是以往学过的内容，对学过的内容展开系统的梳理，重新建构知识框架，寻找知识内容间的联系，让语文知识结构体系更加完整，让学生能够运用知识体系，解决实际应用中的语文问题。复习课和新授课之间是相对的，需要注意的是复习并不是一味地练习，复习是为了重新认识以往学过的知识，了解知识涉及的概念、知识体现的规律以及知识的外延应用，还要理解知识与知识之间存在的逻辑关联，并且通过复习建设知识网络。复习是从实际的角度出发，理解知识的具体内涵，发现知识之间的关联，以此升华知识、巩固知识，将知识牢牢记在脑海中的过程。

一、语文教学复习课型模式的特征

（一）主体性特征

语文教学复习课型模式的主体性特征，主要体现在学生在复习过程中的积极参与和自主探索。复习不仅是知识的简单重复，更是知识的深化、内化和能力的提升。为了实现这些目标，必须强调学生在复习过程中的主体地位。教师应通过多种方式，激发学生的学习兴趣，调动学生的积极性，使学生主动参与到知识的归纳、整理和应用中。

第一，复习课应充分考虑学生的个体差异，给予学生自主选择和决策的空

---

① 李永华. 关于语文复习课的几点思考［J］. 百科论坛电子杂志，2020（2）：510.

间。例如，可以让学生根据自己的学习情况，选择需要重点复习的内容和方式。通过这样的自主选择，学生不仅能更好地理解和掌握知识，还能培养他们的自主学习能力和自我管理能力。此外，教师在复习过程中，应避免单向的知识灌输，而是通过提问、讨论、小组合作等方式，引导学生积极参与，鼓励他们提出问题、探究问题，并共同寻找答案。

第二，复习课应注重学生的亲身体验，让学生在实践中巩固知识。例如，可以通过角色扮演、情景模拟等活动，让学生在具体情境中运用所学知识。这样的活动不仅能提高学生的参与度，还能增强他们对知识的理解和记忆。此外，教师还可以组织学生进行小组讨论、互助学习，让学生在合作中互相启发，共同进步。

第三，教师在复习过程中，应注重对学生学习过程的指导和反馈。在学生自主复习的基础上，教师应及时了解学生的复习情况，发现和解决学生在复习中遇到的问题。例如，可以通过定期的小测验、问卷调查等方式，了解学生的知识掌握情况，并根据学生的反馈，调整复习计划和策略。同时，教师还应注重对学生的积极反馈，肯定他们的努力和进步，增强他们的学习信心和动力。

（二）针对性特征

语文教学复习课型模式的针对性特征，主要体现在复习内容和方式的有的放矢。复习不仅是知识的简单回顾，更是对知识的系统梳理和归类。因此，教师在设计复习课时，应注重复习的针对性，确保复习的内容和方式能够有效解决学生在学习过程中遇到的问题。

第一，复习课应针对全班同学普遍存在的知识薄弱环节。教师应通过多种方式，了解学生的学习情况，发现和总结学生在学习过程中普遍存在的问题。例如，可以通过课堂提问、小测验、作业反馈等方式，了解学生对知识的掌握情况，并根据学生的反馈，确定复习的重点和难点。针对这些问题，教师应设计有针对性的复习内容和练习，帮助学生巩固和深化对知识的理解和掌握。

第二，复习课应关注学生个体间的知识掌握差异，针对学生的个体差异，设计差异化的复习内容和方式。例如，对于一些学习基础较好的学生，可以设计一些更具挑战性的复习内容和练习，帮助他们进一步提升学习水平。而对于一些学习基础较弱的学生，则应设计一些基础性较强的复习内容和练习，帮助他们夯实基础知识。此外，教师还可以通过分组合作学习、个别辅导等方式，针对不同学生的学习情况，提供有针对性的指导和帮助。

第三，复习课应注重对易混淆、易记错知识点的重点复习。例如，古诗词中的意象和主题、文言文中的词语和句式等，都是学生在学习过程中容易混淆和记错的知识点。针对这些问题，教师应设计一些有针对性的复习内容和练习，帮助学生厘清知识点之间的联系和区别，避免知识的混淆和遗忘。

（三）建构性特征

语文教学复习课型模式的建构性特征，主要体现在复习过程中的知识整合和系统建构。复习不仅是知识的简单回顾，更是知识的系统整理和归纳。因此，教师在设计复习课时，应注重复习的建构性，帮助学生构建完整的知识体系。

第一，复习课应注重知识的系统整合。知识之间存在内在联系，只有当知识被整合到知识系统中，才能发挥其应有的功能。教师应通过系统的知识梳理和归纳，帮助学生建立清晰的知识结构。例如，可以通过知识树、思维导图等方式，将知识点之间的联系和层次展示出来，帮助学生厘清知识的脉络和体系。此外，教师还可以通过综合练习、案例分析等方式，让学生在实践中运用和整合知识，增强他们对知识的理解和记忆。

第二，复习课应注重知识的纵向和横向联系。知识之间不仅存在纵向的层次关系，还存在横向的联系和交叉。教师在设计复习课时，应注重知识之间的多维联系，帮助学生构建完整的知识网络。例如，在复习古诗词时，可以将同一主题或意象的诗词进行比较和分析，帮助学生理解不同诗词之间的联系和区别。在复习文言文时，可以将相同词语在不同文章中的用法进行对比和总结，帮助学生掌握词语的多义性和用法的灵活性。

第三，复习课应注重知识的条理性和系统性。教师在设计复习课时，应有计划、有步骤地进行知识的整理和归纳，帮助学生形成清晰的知识线索。例如，可以按照知识的逻辑关系，将知识点分为若干模块，逐一进行复习和总结。

（四）探究性特征

语文教学复习课型模式的探究性特征，主要体现在复习过程中的知识探究和应用。复习不仅是知识的简单回顾，更是知识的探究和应用。因此，教师在设计复习课时，应注重复习的探究性，帮助学生提高知识的迁移和应用能力。

第一，复习课应注重知识的探究性。传统的说教形式虽然能够传递知识，但往往难以激发学生的探究兴趣和思维能力。教师应通过探究性学习活动，引导学生在复习过程中主动思考和探究。例如，可以通过问题导向的学习，让学生围绕某个问题展开探究和讨论。在这样的活动中，学生不仅能够加深对知识的理解，还能够培养他们的思维能力和问题解决能力。

第二，复习课应注重知识的应用性。知识的掌握不仅在于记忆，更在于应用。教师在设计复习课时，应通过实际应用活动，帮助学生将所学知识运用到实际问题中。通过这样的实际应用，学生不仅能够加深对知识的理解，还能够提高他们的知识迁移和应用能力。

第三，复习课应注重知识的综合性。语文学科的知识点繁多且复杂，很多知识点之间存在相互联系和交叉。例如，在复习过程中，可以将不同知识点结合起来，通过综合练习和综合应用，让学生在解决综合性问题中运用和整合知识。通过这样的综合应用，学生不仅能够掌握知识的重点和难点，还能够形成系统的知识结构和逻辑思维能力。

二、语文教学复习课型模式的建构

第一，设立目标，依照学案展开自学。学生可以通过排查知识或者测评知识的形式检查本单元学习中存在的知识盲点，然后确立自己的复习目标，复习目标一定要有针对性，一定要有具体的指向性，不可以是空泛的，只有这样才能让自学有目的、有方向，才不会陷入盲目的自学状态当中。如果遇到学习问题，学生可以自行查阅相关的工具和材料。

第二，交流讨论，不断地完善学生的知识体系。教师可以组织小组讨论，让学生和学生相互讨论存在的疑问，相互解答，教师也可以进行一定的点播，但是点播应该适度，教师应该给予学生充分的自主探索答案的时间，不可以直接给出答案。与此同时，教师也要引导学生朝着答案的方向逐渐靠拢，如果学生取得了一定的学习成果，教师应该给予夸奖和奖励，通过讨论学生可以建构自己的知识体系，可以对问题形成自己的理解，也可以对问题给出自己的解答，交流可以激发学生的思维，能够让学生想出更多的思路。

第三，要让学生参加实战演练，提升知识能力。在对学习重点和学习难点进行一定的训练之后，要及时清理存在的知识疑问，不要留下知识疑问。学生可以自主查询资料，自主扫清知识盲点，也可以和其他人讨论交流，了解知识的本质。

第二节　语文教学的活动课型模式

语文活动课是语文课改的一个特点。语文综合性学习能够培养学生的语文学习兴趣，能够提高学生的语文素养，与此同时，也会培养学生的探究精神、合作精神和创新精神。应该在语文课堂中提倡综合性学习，综合性学习注重在活动中了解语文知识，提高语文听说读写的能力，提高语言知识素养，实现语文知识学习和思想锻炼的结合。语文活动非常注重学生的活动体验，无论是在时间上还是在空间上都相对开放，相比于以往的常规课堂教学，学生能够获得更大的自主权，语文活动能够更好地满足学生对语文学习的需求，而且在语文活动过程当中学生的个人特长能够得到更大的体现。语文活动这一全新的课型具有非常重要的时代意义，相比于其他的课程也体现出了更多的优越性，未来这一课程形势的发展还需要语文工作者不断努力、不断探索。

一、语文教学活动课型模式的特征

（一）语文教学活动课型模式的自主性特征

语文教学活动课型模式的自主性特征，体现在学生由被动学习变为主动学习，积极提倡自主、合作、探究的学习方式，这种自主性不仅是一种学习态度的转变，更是一种学习方式的创新，通过赋予学生更多的自主权和责任感，培养他们的独立思考能力和自主学习能力。

第一，自主性特征强调学生的自主学习能力。传统教学模式中，学生往往是按照教师的安排和要求进行学习，缺乏自主选择和自主思考的机会。而在自主性教学模式中，学生被鼓励主动参与到学习过程中，根据自己的兴趣和需要选择学习内容和方式。例如，教师可以提供多种学习资源和任务，让学生根据自己的兴趣和学习进度选择适合自己的学习内容，通过自主探究和学习，提高对知识的理解和掌握。这种自主学习的方式，不仅能够激发学生的学习兴趣，还能够培养他们的自我管理能力和自我评价能力。

第二，自主性特征强调学生的合作学习能力。在自主学习的基础上，合作学习能够进一步提升学生的学习效果和综合素质。合作学习不仅可以通过小组讨论、合作探究等方式实现，还可以通过项目学习、课题研究等方式进行。例如，教师可以设计一些需要合作完成的学习任务，让学生分组进行研究和探讨，通过分工合作和互相支持，共同完成任务。这种合作学习的方式，不仅能够提高学生的团队合作能力，还能够培养他们的沟通能力和问题解决能力。

第三，自主性特征强调探究学习的方式。探究学习是一种以问题为导向的学习方式，通过提出问题、探究问题、解决问题，学生能够深入理解知识，提高思维能力和创新能力。例如，在学习某个文学作品时，教师可以引导学生提出自己的问题，通过查阅资料、分析讨论，寻找答案和解决方案。这种探究学习的方式，不仅能够培养学生的批判性思维和探究能力，还能够增强他们的学习主动性和自信心。

（二）语文教学活动课型模式的建构性特征

语文教学活动课型模式的建构性特征，体现在通过多样化的教学活动，促进学生潜能的发挥和发展。建构性特征不仅强调知识的传授，更注重知识的内化和应用，强调学生在知识建构过程中的主动参与和自我发展。

第一，建构性特征强调知识的主动建构。在传统教学模式中，知识往往是以现成的形式传递给学生，学生被动接受，缺乏主动参与的机会。而在建构性教学模式中，学生被鼓励主动参与到知识建构过程中，通过自身的思考和探究，逐步形成对知识的理解和掌握。例如，在学习某个语法知识时，教师可以引导学生通过自主探究和小组讨论，发现语法规则和规律，并通过实际应用和练习，巩固和深化对知识的理解。这种知识的主动建构过程，不仅能够提高学生的学习积极性和自主性，还能够增强他们的理解力和应用能力。

第二，建构性特征强调知识的内化和迁移。知识的学习不仅在于理解和记忆，更在于内化和迁移，通过将新知识与已有知识结合，形成系统的知识结构，并在不同情境中灵活应用。例如，在学习文学作品时，教师可以引导学生通过对比分析，将新学的作品与已有的知识和经验联系起来，形成对作品的深层理解，并通过写作练习、角色扮演等方式，灵活运用所学知识。这种知识的内化和迁移过程，不仅能够提高学生的综合能力，还能够培养他们的创造力和创新能力。

第三，建构性特征还强调学习过程的多样化和个性化。在建构性教学模式中，教师不仅要关注知识的传授，更要关注学生的个体差异和学习需求，通过多样化的教学活动和个性化的指导，促进学生的全面发展。例如，教师可以通过项目学习、探究学习、合作学习等多种方式，设计丰富多彩的学习活动，让学生在不同的学习活动中，发现和发挥自己的兴趣和潜能。这种多样化和个性化的学习过程，不仅能够满足不同学生的学习需求，还能够激发他们的学习热情和创新意识。

（三）语文教学活动课型模式的多元统整特征

语文教学活动课型模式的多元统整特征，体现在通过多元智能和多元能力的统整，实现学生素质的全面提升。多元统整不仅是对教学内容的整合，更是对教学方法和教学目标的综合设计，通过多维度、多层次的教学活动，培养学生的综合能力和素质。

第一，多元统整特征强调多元智能的统整。根据多元智能理论，学生在学习过程中具有多种智能，如语言智能、逻辑数学智能、空间智能、音乐智能、人际智能、内省智能等。在语文教学中，教师应注重不同智能的统整，通过多样化的教学活动，全面提升学生的多元智能。例如，在学习文学作品时，教师可以通过朗读、表演、绘画、写作等多种方式，激发学生的语言智能、空间智能和人际智能等。在探究某个主题时，可以通过逻辑推理、数据分析等活动，提升学生的逻辑数学智能和内省智能。这种多元智能的统整，不仅能够满足不同学生的学习需求，还能够全面提升他们的综合能力。

第二，多元统整特征强调听说读写多元能力的统整。语文学科不仅注重阅读和写作能力的培养，更注重听说读写多元能力的综合提升。在教学过程中，教师应通过多样化的教学活动，实现听说读写多元能力的统整和提升。例如，在阅读教学中，可以通过听读、讨论、辩论等活动，提升学生的听说能力和阅读理解能力。在写作教学中，可以通过写作练习、口头表达、相互评改等活动，提升学生的写作能力和表达能力。此外，还可以通过多媒体技术和网络平台，设计丰富多彩的听说读写活动，全面提升学生的语文综合素养。

第三，多元统整特征还强调跨学科的统整和应用。语文学科的知识和能力，不仅在语文学习中具有重要作用，还在其他学科和实际生活中具有广泛的应用价值。在教学过程中，教师应注重跨学科的统整和应用，通过多学科的结合和综合应用，提升学生的综合能力和实际应用能力。例如，在学习某个主题时，可以将语文知识与历史、地理、科学等学科知识结合起来，通过跨学科的探究和学习，全面提升学生的综合素养和解决问题的能力。这种跨学科的统整和应用，不仅能够增强学生的知识面和综合能力，还能够培养他们的创新意识和综合素质。

二、语文教学活动课型模式的建构

依据综合实践活动教学的原则和内涵，基于合作学习的模式，活动课课型构建模式如下：

第一，教师创设活动情境，学生进入情境活动。教师在语文教学中创设活动情境，通过情境引导学生进入学习状态，是一种有效的教学策略。通过设置贴近学生生活和兴趣的情境，可以激发学生的学习兴趣和参与热情。例如，在学习古典诗词时，教师可以创设一个古代文人的生活场景，学生通过角色扮演进入情境，体验诗人的生活情境和创作心境。这种情境化的教学模式，不仅可以增强学生对诗词的理解，还可以激发他们的想象力和创造力。通过生动有趣的情境设置，学生在活动中不仅是被动接受知识，而是主动参与到学习过程中，体验和感受知识的魅力。这种情境教学不仅可以提高学习效果，还可以增强学生的学习兴趣和自主性，使他们在愉快的氛围中完成知识的建构。

第二，教师布置相关活动，将学生分成小组，分组完成。教师在布置活动时，可以将学生分成小组，分组完成任务。设置任务情景，让学生主动接受任务，并且开展活动，小组的方式有利于活动的开展，也有利于学生共同合作，一起探究，一起讨论问题、解决问题。为了让所有的学生都加入活动交流当中，教师应该在尊重学生的基础上，合理地将不同的学生分配到合作小组当中，使每个学生都能发挥自己的优点和特长，完成一小部分任务。这样，学生不仅可以在参与中体会到获得成功的乐趣，还可以通过合作学习，增强团队合作精神和互助意识。例如，在进行文学作品的分析时，教师可以将学生分成若干小组，每组负责不同的篇章或主题，通过分工合作，共同完成作品的整体分析和讨论。在这个过程中，学生可以互相交流，分享自己的见解和体会，从而达到知识的深化和提升。

第三，教师和学生之间应该积极互动、交流。教师和学生之间应该积极互动、交流，这是语文教学活动中不可或缺的一部分。教师可以为学生设置问题，引导学生思考，学生可以通过交流、阅读、讨论、实践等方式由浅入深地探究问题、分析问题。在这个过程中，非常适合使用合作式、启发式、探究式以及对话式的教学方法。例如，在讨论一篇文学作品时，教师可以提出一些启发性的问题，如“作者在这段文字中想表达什么样的情感？”“你认为这个人物的性格特征是什么？”等，引导学生思考和讨论。学生通过小组讨论、互相交流，可以从不同的角度理解和分析作品，逐步形成自己的观点和见解。在这个过程中，教师应当扮演引导者和参与者的角色，与学生共同探讨，分享自己的见解和体会，帮助学生深入理解知识，提高他们的思维能力和表达能力。

第四，总结问题答案，形成自己的观点，并且分享活动当中的收获。在语文教学活动中，学生通过总结问题答案，形成自己的观点，并且分享活动中的收获，是对学习成果的有效展示和检验。学生可以根据自己的理解，归纳总结本次活动的主题，并且使用自己的语言表达出来。教师可以根据学生的发言，给出一定的建议或者补充，帮助学生完善自己的观点和表达。例如，在完成一篇文章的写作任务后，学生可以分享自己在写作过程中遇到的问题和解决方法，讨论自己对文章主题的理解和感受。通过这种分享和交流，学生可以互相学习，取长补短，进一步深化对知识的理解和掌握。同时，教师的及时反馈和指导，可以帮助学生发现问题，改进不足，提高写作水平和表达能力。这种总结和分享的过程，不仅是对学习成果的展示，更是对学生思维和表达能力的锻炼和提升。

第五，在总结的基础上，引导学生归纳升华。在总结的基础上，引导学生归纳升华，是语文教学活动的重要环节。教师应该联系实际问题，引导学生将结论运用在实际问题当中，实现知识的学以致用。这一过程既是对知识的强化，也是对知识应用性的延伸和拓展。例如，在学习一篇关于环境保护的文章后，教师可以引导学生思考如何将文章中的观点和方法应用到实际生活中，如如何减少生活中的垃圾、如何节约用水等。通过这种方式，学生不仅能够加深对文章内容的理解，还能够培养他们解决实际问题的能力和创新思维。同时，教师可以通过讨论和交流，引导学生将知识与实际生活联系起来，发现知识的应用价值和现实意义。这种归纳升华的过程，不仅可以提高学生的学习兴趣和主动性，还可以培养他们的综合素质和能力，使他们在学习中不断成长和进步。

第六，活动结束之后应该展示作品，并且对活动结果做出综合性的评价。学生应该以小组的形式展示研究成果，可以利用 PPT 或者手抄报的形式演示成果，对活动的评价应该由教师和学生一起完成。评价内容应该包括教师的评价、学生之间的互相评价以及学生的自评，评价应该涉及探究的过程和探究的结果，教师需要注意的是评价应该以鼓励为主。例如，在完成一个关于某个文学主题的研究项目后，学生可以通过展示板、演讲等形式展示他们的研究成果，分享他们的研究过程和心得体会。教师和学生可以根据展示的内容，对小组的研究过程、合作情况以及成果的质量进行评价和反馈。这种综合性的评价，不仅可以帮助学生发现问题、改进不足，还可以激发他们的学习热情和积极性，使他们在不断反思和改进中不断提高自己的综合能力和素质。

第三节　语文教学的评价监测模式

一、语文教学评价监测模式的重要作用

（一）提高语文教师课堂教学改革意识

语文教学评价监测模式在提升教师的课堂教学改革意识方面发挥着重要作用。通过科学、系统的评价监测，教师能够深入了解自身教学中的优缺点，从而不断反思和改进教学策略。

第一，评价监测模式提供了客观的数据支持，帮助教师全面了解课堂教学效果。传统的教学评价往往依赖于主观判断，而科学的评价监测模式通过量化的数据，如学生的学习成绩、课堂参与度、反馈问卷等，客观反映出教师教学的实际效果。这些数据可以帮助教师发现教学中的不足之处，例如哪些知识点学生掌握不牢，哪些教学方法学生不适应，从而为教师的教学改进提供有力依据。

第二，评价监测模式促进了教师的专业发展。通过定期的评价和反馈，教师能够及时了解教育教学的最新动态和发展趋势，学习先进的教学理念和方法。例如，教师可以通过评价监测结果，了解学生对不同教学方法的反应，进而调整自己的教学策略，采用更加有效的教学方法。此外，评价监测还可以促使教师不断学习和进修，提高自身的专业素质和教学水平，从而更好地应对教学中的各种挑战。

第三，评价监测模式有助于教师形成科学的教学反思习惯。通过对评价结果的分析和研究，教师能够深入思考教学中的问题和改进措施。例如，教师可以根据学生的学习反馈，反思自己的教学设计和课堂组织，调整教学内容和教学进度，提高教学的针对性和有效性。这样的教学反思，不仅能够帮助教师不断改进教学方法，还可以提高教师的教学研究能力，促进教师的专业成长。

第四，评价监测模式还可以促进教师间的交流与合作。通过共享评价监测结

果，教师可以互相学习和借鉴，提高教学水平。例如，教师可以通过评价监测数据，了解其他教师在教学中的成功经验和有效做法，结合自己的教学实际，进行创新和改进。这样的交流与合作，不仅可以提高教师的教学水平，还可以增强教师团队的凝聚力和合作精神，共同推动语文教学的改革和发展。

（二）激发学生学习语文的兴趣

语文教学评价监测模式在激发学生学习语文的兴趣方面同样具有重要作用。通过科学、系统的评价与反馈，学生能够更加明确自己的学习状况和进步方向，从而激发学习兴趣和动力。

第一，评价监测模式提供了即时的反馈，帮助学生了解自身的学习效果。传统的教学评价往往滞后，学生难以及时了解自己的学习状况。而科学的评价监测模式通过定期测试、课堂表现记录等方式，为学生提供即时的反馈。例如，学生可以通过阶段性测试结果，了解自己在某一阶段的学习成果和存在的问题，从而及时调整学习方法和策略。这种即时的反馈，不仅可以帮助学生明确学习目标和方向，还可以激发他们的学习兴趣和积极性。

第二，评价监测模式有助于激发学生的竞争意识和进取精神。通过科学的评价监测，学生可以清晰地看到自己与他人的差距，激发竞争意识和进取精神。例如，学生可以通过班级排名、成绩分析等方式，了解自己的学习水平和进步情况，从而激发他们的竞争意识，努力追赶和超越他人。这种竞争意识和进取精神，不仅可以提高学生的学习动力，还可以增强他们的自信心和成就感，激发他们对语文学习的兴趣和热情。

第三，评价监测模式有助于培养学生的自主学习能力和自我管理能力。通过科学的评价监测，学生可以了解自己的学习进度和效果，自主制订学习计划和目标。例如，学生可以根据评价监测结果，发现自己在某些知识点上的薄弱之处，制订相应的学习计划，进行针对性的复习和巩固。这种自主学习能力和自我管理能力的培养，不仅可以提高学生的学习效果，还可以激发他们的学习兴趣和主动性，使他们在学习中不断进步和发展。

第四，评价监测模式还可以通过多样化的评价方式，激发学生的学习兴趣和创造力。例如，教师可以通过课堂表现记录、学习成果展示等多种方式，对学生进行全面的评价和激励；学生可以通过参与课堂讨论、完成项目作业、展示学习成果等方式，获得教师和同学的认可和鼓励，从而激发他们的学习兴趣和创造力。这种多样化的评价方式，不仅可以丰富学生的学习体验，还可以提高他们的综合素质和能力。

（三）丰富语文课堂教学

语文教学评价监测模式在丰富课堂教学方面发挥着重要作用。通过科学、系统的评价与监测，教师能够根据学生的学习状况和需求，调整和改进教学内容和方法，使课堂教学更加丰富多彩、富有成效。

第一，评价监测模式提供了科学的教学依据，帮助教师设计更加适合学生的教学内容和方法。通过对学生学习状况的全面了解，教师可以根据评价监测结果，调整教学计划和进度。例如，教师可以根据学生在某一知识点上的掌握情况，决定是否需要进一步讲解和练习，从而提高教学的针对性和有效性。这种科学的教学依据，不仅可以帮助教师设计更加适合学生的教学内容和方法，还可以提高课堂教学的效果和质量。

第二，评价监测模式有助于丰富课堂教学的形式和内容。通过多样化的评价方式，教师可以设计更加丰富多彩的课堂教学活动。例如，教师可以组织学生进行小组讨论、角色扮演、项目合作等活动，通过多样化的教学形式，激发学生的学习兴趣和积极性。这种丰富多彩的课堂教学活动，不仅可以增强学生的参与感和成就感，还可以提高他们的综合素质和能力。

第三，评价监测模式有助于推动课堂教学的创新和改革。通过科学的评价监测，教师可以不断反思和改进教学方法，探索新的教学模式。例如，教师可以根据评价监测结果，发现传统教学方法中的不足之处，尝试采用新的教学方法和技术，如翻转课堂、探究式学习、项目式学习等，从而提高课堂教学的效果和质量。这种创新和改革，不仅可以丰富课堂教学的内容和形式，还可以提高学生的学习兴趣和效果。

第四，评价监测模式还可以通过促进教师的专业发展，提高课堂教学的水平和质量。通过定期的评价和反馈，教师可以及时了解自身的教学效果和不足之处，进行有针对性的改进和提高。例如，教师可以通过参加培训和进修，学习先进的教学理念和方法，不断提高自身的专业素质和教学水平。这种专业发展的促进，不仅可以提高教师的教学能力和水平，还可以推动课堂教学的创新和改革，丰富课堂教学的内容和形式。

二、语文教学评价监测模式的主要内容

（一）语文教学中的教师评价

1. 语文教学的教师评价要素

（1）专业理念评价。所有的语文老师都要学习先进的教育理念和保持端正的教学态度，要终身学习。教育理念即关于教育方法的观念，是教育主体在教学实践及教育思维活动中形成的对“教育应然”的理性认识和主观要求。语文教师要想做好教学工作，一定是以掌握先进的教育理念为前提的。从语文教育理念的角度对语文教师进行评价，具体如下：

第一，培养学生语文核心素养。以培养学生语文核心素养为目的，是语文教育的重要目标。学生通过认知方面的揣摩体悟、潜移默化和感染熏陶来提升语文素养，才能全面发展语文能力。语文教师需要自身具备深厚的语文素养，才能在教学过程中做到传道授业解惑。教师通过示范和引导，锻炼学生的自主学习能力，使他们在语文学习中获得真正理解和感悟。

第二，提升学生语感和文体感，是语文教学的重要任务之一。通过阅读经典文学作品、优秀的现代文学作品以及多样的文体，学生可以在潜移默化中感受到语言的美妙和文学的力量。教师在教学中应注重培养学生的语言控制能力，使他们能够准确、流畅地表达自己的思想。此外，语文教学还应致力于培养学生树立正确的审美观念，通过文学作品中的美学价值引导学生形成正确的审美情趣和价值观。在这个过程中，教师的角色至关重要。教师不仅是知识的传授者，更是学生心灵的引导者。通过教师的言传身教，学生可以在潜移默化中受到熏陶和感染，从而在不知不觉中提升自己的语文素养。因此，教师需要不断提升自身的文

学修养和文化素质，以更好地担负起培养学生的重任。

第三，学会“用教材教”。“用教材教”是语文教学中的一个重要理念。语文教师要善于利用教材资源，培养学生的学习兴趣，调动他们的学习积极性，使学生能够主动地学习，享受语文学习的过程。“用教材教”具体指教师要以教材为基础进行教学，但又不拘泥于教材本身。教师应根据学生的特点和学习能力，通过拆分和组装的方式，将教材的知识灵活应用，创造出更适合学生理解和接受的教学内容，这一理念的核心在于教师的教学策略和方法。教师不仅要熟悉教材内容，更要深刻理解教材的编写意图和教学目标。在教学过程中，教师可以根据实际情况对教材进行调整和扩展，加入丰富的课外阅读材料和实践活动，让学生在多样化的学习体验中加深对知识的理解和运用。同时，教师还可以通过设计有趣的教学活动，激发学生的学习兴趣，使他们在轻松愉快的氛围中掌握语文知识。此外，语文教师在传授知识的同时，也要注重自身的道德修养，通过自身的行为和态度来感染学生，培养学生高尚的道德情操。教师要以身作则，用自己的言行影响学生，使他们在学习语文的过程中，逐步形成正确的人生观和价值观。

为了跟上时代的步伐，语文教师必须终身学习，不断更新自己的知识储备。随着社会的不断发展和变化，新的知识和信息不断涌现，教师只有不断学习，才能填补自己的短板，补充新的知识，适应时代的发展需求。通过不断的学习和提升，教师才能更好地传授知识，培养学生的语文核心素养，帮助他们在未来的生活和工作中取得成功。

（2）专业知识评价。语文是利用语文知识培养学生语言、思维和审美能力的课程。语文学科的本质属性是知识性。语文是中华民族智慧的结晶，包含民族情感和民族思想。所以，语文教师要有深厚的语文功底，学校要对语文教师进行严谨和科学的专业知识评价。评价依据包括以下三个方面：

第一，语文学科知识。语文学科知识是语文教师从事教学应具备的专业基础知识。教师必须准确掌握并精通这些知识，才能有效设计教学方案。语文学科知识涵盖面广，包括语言学基础、文学史、文体学、修辞学等方面。语言学基础涉及汉字、词汇、语法等基本知识，是理解和运用语言的关键；文学史涵盖中国文学和外国文学的发展脉络和重要作品，是提升学生文学素养的重要内容；文体学和修辞学则帮助学生理解和创作不同文体的文章，增强语言表达的准确性和美感。

掌握语文学科知识不仅有助于教师在教学中得心应手，还能帮助他们更好地理解教材的编写意图和教学目标。在备课过程中，教师需要深入钻研教材，了解每一篇课文的背景、主题和作者的创作意图，并结合学生的实际情况进行教学设计。通过对语文学科知识的全面掌握，教师能够在课堂上自如地解答学生的疑问，帮助学生建立扎实的知识基础。此外，语文学科知识还包括对现代汉语和古代汉语的掌握。现代汉语是日常交流和教学的基础，而古代汉语则是理解古典文学作品的关键。教师应通过系统的学习和不断的实践，熟练掌握这些知识，并在教学中灵活运用，帮助学生更好地理解和运用汉语言文字。

第二，语文课程与教学论知识。语文课程与教学论知识是语文教师必须具备的专业原则与方法知识，涵盖课程设计、课程性质、教学方法和教材编制等方面。课程设计要求教师根据教育目标和学生需求，合理安排教学内容和教学进度，确保教学效果。课程性质涉及语文课程的基本特点和功能定位，教师需要深刻理解语文课程的育人功能，注重培养学生的语言能力和人文素养。

教学方法是语文课程与教学论知识的核心内容之一。教师应熟练掌握多种教学方法，如讲授法、讨论法、探究式教学等，根据不同的教学内容和学生特点选择合适的方法，激发学生的学习兴趣和主动性。教材编制则要求教师具备一定的编写和选材能力，能够根据教学目标和学生实际情况，对教材进行合理调整和补充，确保教学内容的科学性和适用性。除此之外，教师还需要学习心理学知识和教育学知识。心理学知识帮助教师了解学生的心理发展特点和学习规律，从而采取有效的教学策略，提高教学效果。教育学知识则为教师提供了理论基础和实践指导，帮助他们更好地理解和把握教育的基本规律和原则，提升教学质量。

第三，其他知识。其他知识对语文教师的教学水平提升起到重要作用。这些知识包括美学、哲学、民俗学和历史学等。美学帮助教师在教学中传递审美价值，培养学生的审美情趣；哲学促进教师对教育本质和教学方法的深刻思考，提升教学的理论水平；民俗学和历史学则丰富了教师的文化知识，增强了课堂教学的文化厚度和历史深度。

掌握这些知识，教师不仅能拓展自己的知识面，搭建起多元的知识结构，还能在教学中开展多种多样的活动，开阔学生的眼界。例如，在讲解文学作品时，教师可以结合美学理论，帮助学生理解作品的艺术价值；在进行历史题材的课文教学时，教师可以结合历史学知识，帮助学生更好地理解作品的时代背景和历史意义。

通过不断学习和掌握其他学科的知识，教师能够在教学中实现跨学科的整合，帮助学生建立全面的知识体系，提升综合素养。这样的教学不仅丰富了学生的知识面，也增强了他们的思维能力和创新能力，为他们的全面发展奠定了坚实的基础。

(3) 专业能力。语文教学是师生在真实的人际关系中共同面对语文学科知识，共同担当责任的多元互动学习与发展活动。语文教师不仅要在专业上成为权威和引领者，还应成为一个多面手，使学生在享受现世幸福的同时，为未来的发展做好准备。语文教师的专业能力评价可以突出展现教师的综合素质，是提高教学成效的重要保障。学校在对语文教师进行评价时，应注重以下方面的专业能力：

第一，语言表达。语言表达能力是语文教师最基本也是最重要的能力之一。教师在课堂上不仅要清晰、准确地传达知识，还要通过生动、形象的语言激发学生的学习兴趣。优秀的语言表达能力能够帮助教师更好地组织课堂，调动学生的积极性，使他们在愉快的氛围中学习语文。此外，教师在进行课堂讨论、解答学生问题和进行口头评估时，也需要具备出色的语言表达能力，以确保与学生的有效沟通和互动。

第二，思维沟通。思维沟通能力是教师在教学过程中实现知识传递和思想交流的重要手段。教师需要具备逻辑严密、思维敏捷的特点，能够在课堂上引导学生进行深度思考，培养他们的批判性思维和创新能力。通过设计富有挑战性的讨论题目和引导学生进行探究性学习，教师可以促进学生的思维发展，使他们在解决问题和理解复杂概念方面更加得心应手。思维沟通能力不仅体现在教师的教学设计中，还体现在与学生的互动和反馈中，教师需要敏锐地捕捉学生的思维动态，及时进行指导和调整。

第三，审美鉴赏。审美鉴赏能力是语文教学中的重要组成部分。语文教师应具备较高的文学素养和审美品位，能够通过文学作品传递审美价值，培养学生的审美情趣。在教学过程中，教师需要引导学生欣赏文学作品中的美感，理解作品的艺术价值和文化内涵。通过对诗歌、散文、小说等不同文体的赏析，教师可以帮助学生提高文学鉴赏能力，增强他们对美的感受和理解。这不仅丰富了学生的精神世界，也有助于他们形成健康的审美观念和价值观。

第四，文化传承。文化传承是语文教学的重要使命之一。语文教师应具有深厚的文化积淀和广博的知识，能够在教学中渗透和传递中华优秀传统文化和世界优秀文化。通过讲解经典文学作品和文化历史，教师可以引导学生了解和认同自己的文化根基，增强文化自信。同时，教师还应关注多元文化，培养学生的国际视野和包容心态，使他们能够在全球化背景下更好地理解和尊重不同文化。在教学实践中，教师可以通过组织文化活动、开展文化讨论等方式，丰富学生的文化体验，促进文化传承和创新。

2. 语文教学的教师评价标准

（1）课堂评价的时机与方法。语文教师课堂评价由多项子因素组成，在课堂评价过程中，一般不会只局限于某一种的评价，它可以是以一种评价为主，其他评价为辅，或者多种评价一起结合。

第一，课堂评价时机。教师及时并准确评价，是对学生学习情况的表态，是教学进一步深入的导向，是对学生学习兴趣的提升。这样的课堂教学评价，能真正唤醒学生学习的主体意识。教师给予鼓励性的评价，可以让学生放松心情，逐渐变得积极。当学生胆怯时，教师的课堂教学评价更应把握时机，给学生多提供回答问题的机会，即使答得不正确，也可以在纠正问题过程中对回答的闪光点进行适当的表扬。这样的评价可以让学生发现自己的学习的潜力。所以结合课堂教学实际，把握评价时机，课堂便会生机勃勃，散发出别样的光彩。在教学评价中，教师应该对学生给予更多的呵护。

有时课堂评价需延时，有时可能还得进行二次评价。课堂教学中教师应对学生发表的不同意见，进行恰如其分的评价。对于不同的学生，教师应该抓住时机，进行不同的评价，并提供多角度、多层面的评价信息。而对于有些学生的发言，不能过早地给予评价，可适时适度、机智巧妙地运用延时评价，留出充裕的时间，还给学生一个自由的空间，让学生在宽松和谐的学习氛围中畅所欲言，以获得更多的灵感，从而使学生的个性思维得到充分的发展。

第二，课堂评价方法。教师如果不仅具有先进的教学理念和良好的业务素质，而且掌握较好的课堂评价方法，那么教师的课堂在很大程度上是有效的。课堂评价是随机的，更应是艺术的。故课堂评价的方法也可以称之为课堂评价的艺术。例如，教师可以对学生已掌握的知识内容、技能水平以及情感等诸方面给予评价。这种评价方法是对传统评价（只关注掌握知识的多少）的很好的纠偏，体现了一种全新的教学理念。教师还可以用委婉的问句，引导点拨学生，但不给学生现成的答案，允许学生有不同的意见，且注重学生的思维过程，可以采用“追问”的方式，指导学生继续思考作答，这样不仅让学生知道了这个问题如何作答，而且逐渐地学会如何学习。而诙谐幽默的评价语也可以恰到好处地推动教学过程，使教学信息的对话风趣而高雅。在语文课堂教学中，学生的主体地位如果能得到充分的尊重，可以更有效地促进学生的全面发展。

（2）课堂评价质量的考量角度。在语文教学中，课堂评价质量的考量是提高教学效果和学生学习质量的重要环节。通过多角度、多层次的评价考量，教师可以更好地了解学生的学习状态和教学的实际效果，从而不断改进教学方法，优化教学设计，促进学生全面发展。下面将从外显即时反馈、外显延时反馈、内隐情感变化和内隐情趣反应四个方面探讨语文课堂评价质量的考量角度。

第一，外显即时反馈。外显即时反馈是指教师在课堂评价过程中，及时观察和捕捉学生的即时反应和反馈信息。这种即时反馈包括学生的语言、表情、动作等外在表现，能够帮助教师迅速判断课堂评价的直接效果。

一是，语言反馈。学生在课堂上的语言反馈是教师获取评价效果的直接途径之一。当教师提出问题或进行评价时，学生的回答、提问、讨论等语言反应可以反映出他们对所学内容的理解程度和兴趣程度。教师应注意倾听学生的语言反馈，通过互动和交流，了解学生的思维过程和知识掌握情况。

二是，表情反馈。学生的表情变化也是课堂即时反馈的重要信息。通过观察学生的面部表情，教师可以判断他们是否理解所讲内容，是否对教学活动感兴趣。例如，当学生表现出困惑或疑虑时，教师应及时调整教学方法或进一步解释；当学生露出微笑或表现出兴奋时，说明他们对当前的学习活动感到满意和积极。

三是，动作反馈。学生的肢体语言和行为动作同样能够提供即时反馈信息。例如，学生专注听讲、积极举手发言、认真做笔记等行为表明他们对课堂内容的参与度较高；而学生的走神、打瞌睡、不耐烦等动作则可能暗示教学内容或评价方式存在问题，教师需要及时调整和改进。

外显即时反馈不仅有助于教师迅速调整教学策略，提高课堂教学效果，还能增强师生之间的互动和沟通，营造积极、融洽的课堂氛围，从而促进学生更好地参与学习和成长。

第二，外显延时反馈。外显延时反馈是指教师通过课外时间与学生的交流、观察和互动，了解课堂评价的长期效果和影响。这种延时反馈弥补了即时反馈的不足，提供了更全面、更深入的评价信息。

一是，课后交流。课后与学生的交流是获取延时反馈的重要途径。教师可以通过面对面的谈话、电话沟通、电子邮件等方式，与学生进行交流，了解他们对课堂评价的看法和感受。通过这种方式，教师不仅可以获得学生对评价的具体反馈，还能深入了解学生的学习状态和心理需求，从而为改进教学提供参考。

二是，学习表现。学生在日常学习中的表现也是延时反馈的重要内容。通过观察学生的作业完成情况、考试成绩、课外阅读和学习活动的参与度，教师可以评估课堂评价的实际效果。例如，学生是否能将课堂上学到的知识和技能应用到实践中，是否表现出持续的学习兴趣和主动性，这些都可以反映出课堂评价的质量和有效性。

三是，家长反馈。家长对学生学习情况的反馈也是延时反馈的重要来源。教师可以通过家长会、家长问卷、家校联系簿等方式，与家长保持沟通，了解学生在家庭中的学习状态和对课堂评价的反应。家长的反馈可以为教师提供一个全新的视角，帮助教师更全面地了解学生的学习情况和评价效果。

外显延时反馈不仅帮助教师获取更全面的评价信息，还能增强师生之间的信任和理解，促进教学相长和共同进步。

第三，内隐情感变化。课堂评价不仅影响学生的认知和行为，还对他们的情感、态度和价值观产生深远影响。教师应关注课堂评价对学生内隐情感变化的影响，确保评价能够激发学生的积极情感，促进健康的情感发展。

一是，情感激励。积极的课堂评价能够激发学生的学习兴趣和积极情感。通过表扬、鼓励和认可，教师可以增强学生的自信心和成就感，使他们在学习中体验到快乐和满足感。这种情感激励不仅有助于学生在学习上取得更好的成绩，还能促进他们的全面发展和心理健康。

二是，情感伤害。负面的课堂评价可能对学生的情感产生不利影响。批评、否定或不公正的评价容易引发学生的负面情绪，如自卑、挫折感、抵触心理等。教师应避免使用伤害学生自尊心的评价方式，注重评价的公正性和建设性，通过积极的引导和帮助，促进学生的健康成长。

三是，情感反馈。教师应关注学生对课堂评价的情感反馈，通过观察和交流，了解他们的情感变化。例如，学生在接受评价后表现出的情感反应，如高兴、满足、困惑、不满等，都是教师了解评价效果的重要信息。通过及时获取情感反馈，教师可以调整评价方式，增强评价的正面效果，减少负面影响。

内隐情感变化需要教师在教学过程中保持敏锐的观察力和细腻的情感关怀，积极构建和谐、温暖的课堂氛围，促进学生在愉快、积极的情感体验中成长和进步。

第四，内隐情趣反应。语文课堂评价不仅对学生的情感产生影响，还对他们的情趣和兴趣产生潜移默化的作用。教师应关注课堂评价对学生情趣的影响，促进学生兴趣的培养和发展。

一是，兴趣激发。积极、适时的课堂评价能够激发学生的学习兴趣和热情。通过有趣的课堂活动、生动的讲解和鼓励性的评价，教师可以引导学生发现语文学习的乐趣，培养他们对文学、语言和文化的浓厚兴趣。这种兴趣激发不仅有助于提高学生的学习效果，还能促进他们在课外主动探索和学习，增强自主学习能力。

二是，情趣培养。课堂评价在培养学生情趣方面也具有重要作用。教师可以通过评价引导学生参与各种语文实践活动，如朗诵、写作、戏剧表演等，帮助他们在实践中体验语文的魅力，培养丰富的情趣和爱好。通过持续的情趣培养，学生不仅在语文学习中获得成就感和满足感，还能在生活中享受语文带来的乐趣和美好。

三是，兴趣维护。教师应关注课堂评价对学生已有兴趣的维护和保护。负面的评价方式可能会打击学生的兴趣和积极性，使他们对语文学习产生抵触心理。教师应注意评价的方式和语言，通过正面引导和鼓励，维护和保护学生的兴趣，使他们在学习中保持持久的热情和动力。

内隐情趣反应需要教师在教学中注重评价的艺术，通过细心观察和关怀，了解学生的兴趣变化，积极引导和培养他们的情趣，使语文学习成为他们生活中重要而美好的部分。

（二）语文教学中的学生评价

在语文教学中，学生的学习与评价是一个复杂而多维的过程，需要综合考虑学生在不同阶段、不同层次的表现和发展。

1. 过程性评价

过程性评价是指关注学生在学习过程中的表现，强调对学生在课堂参与度、作业完成情况、学习态度和习惯等方面的评价。这种评价不仅关注最终的成绩，更重视学生在学习过程中的努力和进步。

（1）课堂参与度。课堂参与度是过程性评价的重要内容之一。教师可以通过观察学生在课堂上的积极性、参与度和互动情况，了解学生的学习态度和兴趣。例如，学生是否主动回答问题、参与讨论、提出问题等，这些表现都可以作为评估学生课堂参与度的指标。积极参与课堂活动的学生通常表现出较高的学习动机和热情，他们在学习过程中能够更好地掌握知识、提升能力。

（2）作业完成情况。作业完成情况也是过程性评价的重要方面。教师可以通过检查学生的作业质量、完成情况和及时性，了解他们对所学知识的掌握程度和学习态度。高质量、按时完成作业的学生通常表现出较强的自律性和责任感，他们在学习过程中能够不断巩固和深化知识。对于作业完成情况不佳的学生，教师应及时给予反馈和指导，帮助他们改进学习方法，提升学习效果。

（3）学习态度和习惯。学习态度和习惯是过程性评价的核心内容。积极的学习态度和良好的学习习惯是学生取得学业成功的重要保障。教师应关注学生的学习态度，如是否认真听讲、积极思考、主动提问等，以及他们的学习习惯，如是否按时预习复习、是否有计划地安排学习任务等。通过过程性评价，教师可以帮助学生养成良好的学习态度和习惯，促进他们在学习中的持续进步和发展。

过程性评价不仅有助于教师全面了解学生的学习状态和发展水平，还能为学生提供及时、具体的反馈，激励他们不断努力和进步。这种评价方式强调学生在学习过程中的努力和参与，能够有效地提升学生的学习积极性和主动性，促进他们全面发展。

2. 形成性评价

形成性评价是指通过阶段性测试、小测验、课堂练习等手段，了解学生对知识点的掌握情况，及时发现学生的薄弱环节，并进行有针对性的辅导和改进。这种评价方式注重过程中的反馈和调整，旨在帮助学生不断改进和提升学习效果。

（1）阶段性测试。阶段性测试是形成性评价的重要手段之一。通过定期进行的小测验、单元测试等，教师可以了解学生对所学知识的掌握情况，及时发现他们在学习中的问题和薄弱环节。阶段性测试不仅有助于学生巩固知识，还能帮助教师调整教学策略，提供有针对性的辅导和支持。通过测试结果的分析，教师可以了解学生的学习进展和效果，为进一步的教学改进提供依据。

（2）课堂练习。课堂练习是形成性评价的常见形式。通过设计有针对性的课堂练习，教师可以检测学生对知识点的理解和应用能力，并及时给予反馈和指导。课堂练习不仅能够帮助学生巩固所学知识，还能提升他们的思维能力和问题解决能力。教师应注重练习的设计和实施，确保练习的针对性和有效性，使其成为促进学生学习和发展的有力工具。

（3）反馈和改进。形成性评价的关键在于及时反馈和改进。通过阶段性测试和课堂练习，教师可以获取大量的学生学习信息，并根据这些信息及时调整教学策略和方法。教师应注重反馈的具体性和建设性，帮助学生明确自己的优点和不足，并提供改进的建议和指导。通过持续的反馈和改进，学生可以不断调整和优化自己的学习方法，提高学习效果和水平。

形成性评价不仅有助于教师了解学生的学习状态和进展，还能为学生提供及时、具体的反馈和支持，帮助他们在学习过程中不断改进和提升。这种评价方式强调过程中的反馈和调整，能够有效地促进学生的持续发展和全面进步。

3. 终结性评价

终结性评价是指通过期末考试、综合测评等方式，全面评估学生在一个学习阶段内的知识掌握情况和能力发展水平，为进一步的教学调整提供依据。这种评价方式注重对学习成果的总结和评价，是学生学业成绩的重要体现。

（1）期末考试。期末考试是终结性评价的主要形式。通过系统的考试，教师可以全面评估学生在一个学期内的知识掌握情况和能力发展水平。期末考试通常包括笔试、口试、实践操作等多种形式，涵盖语文学科的各个方面，能够综合反映学生的学习成果和能力。教师应注重考试的科学性和公正性，确保考试结果能够客观、准确地反映学生的学习水平。

（2）综合测评。综合测评是终结性评价的重要补充。除了期末考试，教师还可以通过综合测评，全面评估学生在学习中的表现和发展。综合测评通常包括学科知识、综合素质、实践能力等多个方面，能够全面反映学生的综合能力和素质。通过综合测评，教师可以了解学生的全面发展情况，为进一步的教学改进提供依据。

（3）教学调整。终结性评价的目的是为进一步的教学调整提供依据。通过期末考试和综合测评，教师可以了解学生的学习成果和存在的问题，并根据评价结果调整教学策略和方法。教师应注重评价结果的分析和运用，及时发现和解决教学中的问题，不断改进和优化教学设计，提升教学质量和效果。

终结性评价不仅是对学生学习成果的总结和评价，也是对教师教学效果的检验和反馈。这种评价方式注重对学习成果的全面评估，能够为进一步的教学调整提供科学、客观的依据，促进学生和教师的共同进步和发展。

（三）语文教学中的资源环境评价

“语文教学评价是语文教学的重要一环，它可以折射出语文教学改革的核心理念”①。在语文教学中，资源环境评价是确保教学质量和效果的重要环节之一。下面从教材与教辅材料评价和教学环境评价两个方面，探讨语文教学中资源环境评价的内涵和实践。

1. 教材与教辅材料评价

教材与教辅材料的选择对语文教学起着至关重要的作用。评价所使用的教材与教辅材料，需要考察其内容的科学性、适用性和趣味性等方面，以确保学生使用的学习资源能够有效支持其语文学习。

（1）内容的科学性。评价教材与教辅材料的内容科学性，需要考察其是否符合语文学科的教学要求和学生的认知水平。教材内容应当准确反映语文学科的基本理论和知识体系，有利于学生形成正确的语言认知和文学素养。教辅材料的选择应当有针对性，能够帮助学生巩固和拓展所学内容，促进他们的综合发展。

（2）适用性。评价教材与教辅材料的适用性，需要考察其是否符合学生的学习需求和实际情况。教材内容应当贴近学生的生活和学习实践，能够引发学生的兴趣和探究欲望。教辅材料的选择应当灵活多样，能够满足不同学生的学习特点和需求，促进他们个性化发展。

（3）趣味性。评价教材与教辅材料的趣味性，需要考察其是否具有吸引学生注意力和激发学习兴趣的特点。教材内容应当生动有趣，能够引发学生的思考和探索，激发他们对语文学习的热情和动力。教辅材料的设计应当灵活多样，能够激发学生的创造性思维和表达能力，促进他们全面发展。

通过对教材与教辅材料的科学评价，可以为语文教学提供有效的支持和保障，促进学生全面发展和提升语文素养。

2. 教学环境评价

教学环境评价是关注教室的物理环境、课堂氛围和教学设备使用情况，确保学生在一个良好的学习环境中进行学习的重要手段。

（1）物理环境。教室的物理环境对学生的学习情况有着直接影响。评价物理

① 朱伟. 对语文教学评价差异的反思——以《音乐巨人贝多芬》为例［J］. 语文知识，2011（3）：75.

环境包括照明、座位安排等方面，需要确保教室的光线明亮、通风良好，座位布局合理，有利于学生的学习和交流。良好的物理环境可以营造舒适的学习氛围，有利于学生的专注和投入。

（2）课堂氛围。课堂氛围是评价教学环境的重要指标之一。良好的课堂氛围能够促进学生与教师之间的互动和沟通，激发学生的学习兴趣和动力。评价课堂氛围需要考察学生的情绪状态、互动情况和师生关系等方面，以及教师的授课方式和语言表达能力等因素。积极向上的课堂氛围有利于学生的学习效果和成长。

（3）教学设备使用情况。教学设备的使用情况直接影响教学效果和学生的学习体验。评价教学设备使用情况需要考察多媒体设备、教学工具和资源的配备和运用情况，以及教师的技术水平和教学方法等方面。有效的教学设备使用可以丰富教学内容、提升教学效果，提供更广阔的学习空间和更丰富的学习资源。

三、语文教学评价监测模式的变革趋势

在当前教育改革的背景下，语文教学评价监测模式也在不断发展和变革。这一变革趋势体现了对学生语文素养提升和全面发展的重视，反映了现代教育理念的深入应用。

（一）关注语文学习自主积累与建构

在语文教学评价中，越来越多的关注点落在学生的自主学习和知识建构上。这一趋势强调学生在语文学习中的主动性和主体性，认为语文能力的提升不仅依赖于课堂教学，更需要学生在日常生活中不断积累和建构。

第一，自主积累。自主积累是指学生在语文学习过程中，通过自主阅读、写作和交流等方式，积累语言知识和文学素养。评价监测模式的变革要求教师注重学生的自主积累过程，关注他们在课外阅读、日记写作、社会实践等方面的表现。通过评价学生的阅读笔记、写作作品和参与社会活动的记录，教师可以了解学生的积累情况和进步轨迹，从而有针对性地进行指导和支持。

第二，知识建构。知识建构是指学生在语文学习中，通过自主探究和思考，将零散的语言知识和文学经验整合为系统的认知体系。评价监测模式的变革要求

教师关注学生的知识建构过程，注重考察他们在语文学习中的思维过程和逻辑结构。通过评价学生的思维导图、辩论发言、读书报告等，教师可以了解学生的认知水平和建构能力，从而帮助他们优化学习策略，提升综合素养。

第三，个性化发展。自主积累与建构强调学生的个性化发展，要求评价监测模式能够体现学生的独特性和多样性。教师在评价中应注重发现和尊重学生的兴趣爱好和个性特点，鼓励他们在语文学习中发挥创造力和想象力。通过评价学生的个性化学习成果，如创意写作、文学评论、艺术作品等，教师可以激发学生的学习热情，促进他们在语文学习中的全面发展。

通过关注语文学习的自主积累与建构，评价监测模式的变革可以更好地体现学生的主体地位，促进他们在语文学习中的自主性和创造性发展。

（二）回归汉语言文字与文化学习规律

语文教学评价监测模式的变革还体现了对汉语言文字与文化学习规律的重视。这一趋势强调语文学习应当回归到语言文字本身及其文化内涵，注重学生对语言文字的理解和运用，以及对中国传统文化的认知和传承。

第一，语言文字理解。语言文字是语文学科的核心内容，学生对语言文字的理解和运用能力是语文素养的重要体现。评价监测模式的变革要求教师注重学生在词汇、语法、修辞等方面的掌握情况，关注他们在语言表达和写作中的实际运用能力。通过评价学生的阅读理解、写作能力和语言表达等，教师可以了解他们的语言文字水平，从而有针对性地进行教学指导，提升他们的语言素养。

第二，文化内涵认知。汉语言文字不仅是交流工具，更是文化载体，承载着丰富的文化内涵和价值观念。评价监测模式的变革要求教师注重学生对中国传统文化的认知和理解，关注他们在文学作品中的文化体验和思考。通过评价学生的文化作品、读书笔记、文化活动参与情况等，教师可以了解他们的文化素养和价值观念，从而帮助他们更好地理解和传承中国传统文化。

第三，学习规律回归。语文学习有其独特的规律，遵循这些规律有助于学生更有效地掌握语言知识和文学素养。评价监测模式的变革要求教师关注学生在学习过程中的方法和策略，注重考察他们在语言学习中的规律性和系统性。通过评价学生的学习过程记录、学习方法反思等，教师可以了解他们的学习规律和策略运用情况，从而帮助他们优化学习方法，提升学习效果。

通过回归汉语言文字与文化学习规律，评价监测模式的变革可以更好地体现语文学科的本质特点，促进学生在语言文字理解和文化认知方面的全面发展。

（三）重视问题解决过程而非结果

在语文教学中，评价监测模式的变革日益重视学生在问题解决过程中的表现，而不仅仅关注最终的结果。这种变革趋势旨在提升学生的综合素养和能力，推动他们在语文学习中的深入思考和创造性表达。下面从思维过程评价、策略应用评价和创新思维评价三个方面，探讨这一变革趋势的具体内涵和实践方法。

1. 思维过程评价

思维过程是学生在解决问题中的核心环节，对其进行评价是了解学生思维水平和创新能力的关键。传统的语文教学评价往往侧重于学生最终的答案或作品，而忽略了他们在解决问题过程中的思维方法和逻辑结构。现代教育理念则强调评价学生的思维过程，关注他们在分析问题、制定方案和实施策略等方面的表现。

（1）分析问题。分析问题是思维过程的起点，评价学生在这一环节的表现，可以了解他们的观察力和理解力。教师应当通过学生的思维过程记录，关注他们如何从文本中提取信息、如何理解问题的核心和如何识别问题的关键点。通过这种评价，教师可以发现学生在阅读理解和逻辑思维方面的长处和不足，从而有针对性地进行指导。

（2）制定方案。制定方案是思维过程中的重要环节，评价学生在这一环节的表现，可以了解他们的计划能力和创造性思维。教师应当通过学生的方案设计，关注他们如何运用已有知识、如何组织材料、如何构建逻辑框架。通过这种评价，教师可以了解学生在语文知识的整合和应用方面的能力，帮助他们优化学习策略，提升解决问题的效率。

（3）实施策略。教师应当通过学生的实际操作记录，关注他们如何将方案付诸实践、如何调整策略应对变化、如何解决实施过程中的具体问题。通过这种评价，教师可以了解学生在实际应用中的能力和应变能力，帮助他们提升实践能力和灵活性。

通过思维过程的评价，教师可以全面了解学生在解决问题过程中的思维水平和创新能力，从而有针对性地进行指导和支持，促进学生在语文学习中的全面发展。

2. 策略应用评价

策略应用是学生在解决问题中的关键环节，对其进行评价是了解学生应对复杂问题能力的重要途径。传统的语文教学评价往往忽略了学生在不同情境中策略选择和运用的过程，而现代教育理念则强调评价学生的策略应用，关注他们在实际情境中的表现和效果。

（1）策略选择。策略选择是策略应用的起点，评价学生在这一环节的表现，可以了解他们的判断力和决策力。教师应当通过学生的策略应用案例，关注他们如何根据问题的特点和情境的需求选择合适的策略、如何评估不同策略的优劣和适用性。通过这种评价，教师可以了解学生在策略选择中的判断标准和决策过程，帮助他们提升判断力和决策力。

（2）策略运用。策略运用是策略应用的实际操作环节，评价学生在这一环节的表现，可以了解他们的执行力和操作能力。教师应当通过学生的策略应用实践，关注他们如何将选择的策略付诸实践、如何操作具体步骤、如何应对操作中的困难和挑战。通过这种评价，教师可以了解学生在策略运用中的操作水平和解决问题的能力，帮助他们提升实际操作能力和应变能力。

（3）效果评估。效果评估是策略应用的最终环节，评价学生在这一环节的表现，可以了解他们的反思力和改进力。教师应当通过学生的策略应用总结，关注他们如何评估策略应用的效果、如何总结经验教训、如何改进和优化策略。通过这种评价，教师可以了解学生在效果评估中的反思水平和改进能力，帮助他们提升反思力和改进力。

3. 创新思维评价

创新思维是学生在解决问题中的重要能力，对其进行评价是了解学生创造力和想象力的重要途径。传统的语文教学评价往往侧重于学生对已有知识的理解和应用，而忽略了他们在提出新思路和创新方案中的表现。现代教育理念则强调评价学生的创新思维，关注他们在创造性解决问题中的表现和效果。

（1）提出新思路。提出新思路是创新思维的起点，评价学生在这一环节的表现，可以了解他们的创造力和想象力。教师应当通过学生的创新思维案例，关注他们如何在已有知识基础上提出新思路、如何突破常规思维、如何构建独特见解。通过这种评价，教师可以了解学生在提出新思路中的创造性思维水平，帮助他们激发创新潜能。

（2）设计创新方案。设计创新方案是创新思维的重要环节，评价学生在这一环节的表现，可以了解他们的设计力和组织力。教师应当通过学生的创新方案设计，关注他们如何将新思路转化为具体方案、如何组织和整合材料、如何构建逻辑框架。通过这种评价，教师可以了解学生在设计创新方案中的组织水平和设计能力，帮助他们提升创新设计能力。

（3）实施创新方案。实施创新方案是创新思维的实际操作环节，评价学生在这一环节的表现，可以了解他们的执行力和实践力。教师应当通过学生的创新方案实施记录，关注他们如何将设计方案付诸实践、如何解决实施过程中的具体问题、如何评估和改进方案。通过这种评价，教师可以了解学生在实施创新方案中的执行水平和实践能力，帮助他们提升创新实践能力。

第五章　语文教学内容与模式的优化创新实践

第一节　语文基础知识教学内容与模式优化创新

“语文基础知识是语文教学内容的重要部分，加强对学生语文基础知识的学习，是时代发展的要求，是语文教学发展的要求，也是学生学好语文和其他学科知识的前提”①。语文基础知识“涉及字词、语法、修辞等多方面，是学生语文综合素养提升的基石，也是语文教师最基本的教学任务之一”②。然而，传统的基础知识教学往往存在内容单一、形式呆板等问题，无法很好地激发学生的学习兴趣和提升学习效果。因此，如何优化创新语文基础知识教学内容与模式成为当前语文教育领域的研究热点之一。

一、强化评改中字词纠错与已学字词复现

在语文基础知识的教学中，提升学生的识字能力是至关重要的。语文教师不仅需要在作业批改中加强对字词错误的指导，同时也应积极地在课堂上复现已学的字词。这种优化创新的教学模式有助于学生更好地掌握语文基础知识，为他们的语言表达能力打下坚实的基础。在批改作业时，教师可以采取多种方式来帮助学生发现和纠正字词错误。例如，每次在作文讲评时，可以将学生的一篇习作打印出来，然后要求同学们在阅读的过程中标出其中的错别字、语序不当等问题。这种实践不仅让学生在批改他人作文的过程中学习，还能帮助他们更深入地理解正确的用词和语法结构。此外，在语文课堂教学中，教师也可以运用各种方法来促进学生对已学字词的复现。例如，在教授古诗词时，可以事先准备一些小卡

① 苑航. 学习语文基础知识的重要性——重视语文基础知识教学［J］. 课外语文（下），2016（4）：27.

② 金叶. 语文基础知识教学的情境融入与自主建构［J］. 中学语文教学参考，2022（36）：13.

片，上面印有学生以前学过的一些诗句，然后让学生通过阅读这些诗句来找出其中容易理解错误的字词。这种活动不仅能够提高学生对诗词的理解能力，还可以帮助他们更加熟练地运用所学的字词。语文教师还可以结合现代科技手段，例如，使用电子板书、多媒体课件等，来呈现和复现已学的字词。通过多种形式的呈现，可以激发学生的学习兴趣，增强他们的参与度和记忆力。

二、多做口头复述，拓展学生语文词汇量

在语文基础知识教学中，学生识字量有限，知识贫乏，词汇量不足，这为其阅读和写作带来了一定的障碍。然而，培养学生的口头表达能力，可以在学生“写”之前先培养其“说”的能力，使其能够先将所要表达的内容说清楚，完整地表达出来，这样写作起来也就更加轻松自如。根据“字不离词、词不离篇”的教学原则，教师应该对学生进行全面的字、词、句的综合训练，以提升学生的口头表达能力。首先，在识字教学中，教师应该先引导学生准确地读音，认清字形，理解字义，然后进行口头表达的训练。例如，可以通过给学生提供一个场景或一幅图画，让他们口头描述出所看到的内容。这样的训练能够帮助学生将视觉信息转化为口头表达，提高他们的表达能力和词汇运用能力。其次，在口语教学课上，教师可以设定各种情境，引导学生进行口头表达。例如，可以给学生描述一个场景或一个故事情节，然后让他们用生动的语言描绘出来。这种活动不仅可以帮助学生提升词汇量，还可以锻炼他们的想象力和表达能力。在语文基础知识教学中，教师还可以利用各种故事、诗歌等文学作品来启发学生的口头表达能力。例如，可以讲述一些与“咏絮之才”“咏花之才”“咏雪之才”等相关的故事，然后引导学生通过口头表达的方式来理解和复述这些故事。这样的活动不仅能够增加学生的词汇量，还可以培养他们的文学修养和表达技巧。

三、重视多种形式字、词的基础知识教学

（一）避免机械性的学习方法

在语文基础知识教学中，字词的积累是长期的任务，绝不是一朝一夕的突击

就能完成的，不但要理解和掌握，还需要经过反复训练，但有些学生为了应付考试，追求高分，学习字词主要靠死记硬背，抄注释，背注释。基于这种认识，学生无论在课外还是课内都不注重字词的学习、理解和积累。有的学生往往只是到了考试前才把字、词集中抄在本子上，一字一词地背诵。这样孤立地背、机械地记的字、词不容易在头脑中扎根，往往知识记得快，忘得也快，在作文时自然就词语贫乏。丰富字词的关键在于日积月累。平时，学生不仅要经常温习课本中的字词，也要时时留心报纸、杂志等课外读物上出现的新的字词，随时记录人们日常生活中使用的新鲜字词。只有这样学生写作文时才能得心应手，运用自如。

（二）语文教学与实际相结合

在语文基础知识教学中，要力求将学到的字词与亲身体验相结合，丰富多彩的字词正是丰富多彩的现实生活的概括和反映。学生学习字词时，只有把它们和自己的亲身体验相结合、相融合，才能将其变成自己的语言。这种结合的方法有两种：一种是游历新境或初次接触一个新事物（包括人）时，尽可能用一些字词概括其特征；另一种是学到新的字词时，要尽可能联想到一些与该字词相吻合的事物。也就是前一种是通过事件找字词，后一种是以字词找事件。如果人们对生活的观察、体验在脑子里仅是一些表象，不能引起对所学字词的反应，那么，其所学到的字词就只是一些缺乏联系的符号。反之，如果人们对新学到的字词不想方设法寻找相应的事物，那这些字词就很快会被遗忘。尽管字词一时很难找到相应的事件进行联想，因此针对这样的字词，学生可以借助他人的（包括文学人物）经历，也可以用多角度造句的方法强化记忆。

（三）创立字、词的储存系统

从心理学的角度，一个人只有在大脑中建立起字、词的储存系统，才能有效地输入字词，迅速准确地输出字词。这种字词的储存系统不是按学习的先后顺序排列的，也不是按一般字、词典的顺序排列的，而是以字词的类似性和相关性排列的。例如，桂、贵；梁、粱；凉快、凉爽、清凉、阴凉、凉丝丝、凉飕飕等。在使用字词时，一个字、词的出现往往可以引起一串字、词的活跃。当然，这种以类群为特征的储存系统无法自然形成，需要经过大脑对词进行加工（分析、综合）才能形成。在语文基础知识教学中，学生在学习字词时，应该让字词进入思维的领域，对字词进行分析、综合、比较、联想，进而用思维的链条把它们排列组合成类群，形成有机的认识结构系统。具体方法是：当新学到一个字词后，把这个字词的同义词、反义词以及相关的字词（范围更大或更小的，程度更深或更浅的，时间更长或更短的等）都列出来，然后对其进行分析、比较。例如，学到新字“缅”，便可以写出“腼”“冕”“勉”等字进行比较记忆；在学到词“淳厚”后，可列出“忠厚”“宽厚”“憨厚”“仁厚”等同义词和“刻薄”“尖酸”等反义词进行比较分析。这样，就可以把一个新字、词编入一个组织体系，使它不再是孤零零的散兵游勇，这能有效地抵制遗忘，收到事半功倍的效果。

四、利用分散识字词法提高字词理解能力

在语文基础知识教学中，分散识字词教学法被认为是提高学生字词理解能力的有效途径。这种教学方法注重于创造生字字义的情景，通过在词、句子、课文情景中教授生字，使得学生在丰富的语境中理解字词的含义。这一方法的核心理念在于确保字词不仅在抽象层面被理解，更在生动的语言环境中被凸显出来。通过这样的教学方式，学生不仅能够轻松地掌握新的字词，还能够在实际运用中更好地理解和记忆它们。从心理学角度来看，分散识字教学法的有效性得到了很好的解释。字词的内容特征在心理上是有规律的，它们的心理存储方式通常按照从具体到抽象的顺序排列。具体性效应是指在认知过程中，具体词比抽象词更容易被识别和记忆。因此，分散识字教学法的侧重点就是通过创设具体的情境来激发学生对字词含义的认知，从而帮助他们更快地理解和掌握这些字词。此外，分散识字教学法也有助于建立学生对字词之间联系的认知模式。在学习过程中，学生往往需要将新学习的知识与已有的知识和经验进行联系，从而更好地理解和记忆。通过在生动的语境中教授字词，分散识字教学法为学生提供了一个将新知识与已有知识进行关联的机会，帮助他们建立起更加完整的知识网络。

第二节　语文阅读教学内容与模式优化创新研究

一、提高学生语文阅读速度

语文阅读教学的目的是使学生具备敏捷深刻地理解文章，娴熟准确地驾驭文章的能力。人才竞争的核心是知识竞争，而人的知识取决于学习能力，如何在单位时间内让学生更广泛地获取知识，培养学生快速阅读的能力至关重要。造成学生阅读速度慢的原因主要是在教学中的引导训练不够，教师未能教给学生提高阅读速度的方法；学生阅读积累沉淀不足，未能形成一定的知识储备和一定语感；还有就是在信息发达的现代社会超文本的阅读量大，学生文本阅读的机会和兴趣减少。

就语文阅读教学而言，精读是主体，略读只是补充；但是就效果而言，精读是准备，略读才是应用。要切实达到课标中对阅读的要求，使学生畅游书海，在阅读教学中教给学生速读方法就非常重要。尤其是当前社会既有大量的文本阅读，又有网络资源、电子读物等超文本阅读，面对这些不计其数的信息资料，要提高学习效率，学生仅有精读技能是远远不够的，更需要具备略读和速读的本领。

快速阅读法是人们从文献资料中迅速获得有用信息的阅读方法，阅读速度的快慢直接关系着阅读量的大小，关系着阅读质量的好坏。速读不仅能迅速获取信息，更重要的是能够开发学生的智力，因为在速读中必然伴随着快速地理解、想象、记忆等思维活动，这既有利于识字率的巩固、理解力的提高，也可以通过在短时间内处理大量信息训练学生的科学的思维方法与思考问题、解决问题、快速发现有用信息的能力，进而促进学生智力的发展。快速阅读能力的形成是一个长期的过程，需要有科学方法的指导。教师的责任就是用科学的训练方法提高学生的语文阅读能力，指导训练学生速读可以从以下方面入手。

（一）问题提示寻读法

在语文阅读教学中，问题提示寻读法可以让学生带着问题快速寻读。教师先提出阅读要求，规定阅读时间，出示具体的思考问题，让学生根据阅读材料的特点选取不同的快速阅读的方法，或浏览或提取关键词或用意群注视法进行速读。学生在读后自查答案是否正确，再快速翻书自评。人的大脑在接收信息时具有明显的选择性，在处理信息时能够遵守严格的程序。所以，在语文阅读训练中如能使学生逐渐形成一个固定的思维程序，形成一定的“阅读定势”，会对提高其阅读速度有很大帮助。因此，教师可以给学生提供阅读的固定程序，如在读一篇课文时依次解决四个问题：①题目；②文章的大意；③文章最能吸引自己的部分；④自身从文中得到了哪些感受和启发。让这四个问题在学生阅读时形成线索，有明确的思维指向，学生进而自然地遵循这些问题进行理解，从而形成阅读的固定思维程序，提高阅读速度。

（二）提要钩玄训练法

第一，浏览筛选阅读法。浏览筛选阅读方法主要用于阅读长且深的文章。为了让学生迅速了解文章大意，应训练学生进行浏览筛选信息的阅读训练，浏览筛选的要点是获取关键信息，无论哪种文章，先看开头段落，再看每段的第一句话或中心句，最后看一下末尾段。这种忽视细节、抓取主要信息的方法能较大地节约时间。

第二，关键词提取阅读法。关键词提取阅读法应用于阅读短小简单的文章。文章短小其内涵往往深邃，这就要精细领会，但也可速读。具体方法是：快速在每一行字上扫过，每行只注意几个关键的词。这种方法用于复习以前读过的文章特别有效，它可以激起学生对原有经验的联想，快速把握文章。

第三，字群意群组读法。字群意群组读法可用来满足高效快速的阅读要求。这一方法的要点是既关注段落，又注意文句；在练习时，使眼睛能够看三个或三个以上的一群字，而不是逐字阅读。这种阅读使眼睛投射到书页上的范围从一个字扩大到一行字，乃至数行字，从而使“一目十行”成为可能。

阅读时学生要尽量增大识别间距，把句中相关的词连成一个较大的单位，一组一组地读，边读边理解。训练时注意引导学生尽量扩大视觉感知范围，调整视角，迅速移动视点，进而达到“一目十字”的功效，并在阅读领悟的过程中积极思维，尽快抓住文章主旨，迅速地摄取信息，快速地加以处理。

（三）计时阅读训练法

计时阅读训练是让语文阅读成为一种快速、高效地摄取、筛选与储存知识信息的过程。训练时要先准备好训练用的阅读材料，教师提出具体阅读要求后，宣布阅读开始，教师当即在黑板上记下开始阅读的时间，每 15 秒钟记一次；学生读完即举手示意，并依据黑板上显示的时间记录记下自己阅读所用的时间；在读完文章后，学生视线离开阅读材料，凭第一遍阅读的理解与记忆回想文章内容，并回答教师提出的问题；教师凭借学生回答问题的情况和所用时间估算学生的理解率和阅读速度。在计时阅读训练时，应注意速度与阅读效果之间的关系。有效的阅读应该是速度快、理解准确、记忆率高的阅读。在训练学生时，要根据学生阅读的速度和效率及时调整阅读进程和方法，进而达到训练的实效。

二、引导学生走进语文文本

语文课堂要以文本为本，以学会阅读、揣摩、运用语言文字为本。否则其工具性和人文性都难以体现，听说读写能力的培养难免落空。从教学来看，语文课本上选的散文大都是名家名篇，它们是人类智慧的结晶，需要用心灵去感受，读散文应该是一种美的享受。教师如何引导学生走进文本，真正实现与作者“对话”，是一个值得语文教育工作者探讨的问题。一部优秀的文学作品往往是作者的真情流露。因此，教师在语文阅读教学中，除了让学生领略文学作品优美的文笔、精巧的构思外，还要深入体会作者想传达的感情经验、人生体悟，这是语文教学的应有之义，也是语文学科人文性的具体体现之一。

（一）引导学生通过文本感悟艺术意味

人们在阅读名篇佳作时，常常会受思维定式的诱导和艺术内在规律召唤之间的矛盾的困扰，人们常常被评论家或者是作家赋予作品的某些外在因素所影响，而疏忽了作品本身所蕴藏的艺术意味。这种矛盾也是艺术接受中的一种极其常见的心理现象。例如，在阅读朱自清的《背影》一文时，常常将审美的双眸固守在父亲的“背影”这个意象之中，体会着“背影”无穷的内涵：情感的、社会的、血缘的和美学的等。然而当人们真正地从艺术创作的审美体验过程出发，尤其是在思考诸如“背影”意象的生成时，思考《背影》一文的情感线索，以及作家匠心独运的艺术构思时就会发现《背影》中除了“背影”这个意象外，还深藏着另一个不容忽视的世界，即曾经出现过多次的“泪水”的意象。在阅读《背影》咀嚼“背影”意象的同时，不能忽视与之相伴而生的“泪水”。

（二）引导学生通过文本培养鉴赏能力

文学领域往往被称为“殿堂”，这足可见其美好与高雅，文学作品的教，是语文阅读教学中最丰富、最美好、最能触及人的灵魂的内容，它可以让学生感受形象，体验情感，品味语言，领悟文学作品的丰富内涵，在体会其艺术魅力的过程中学习鉴赏文学作品，发展学生独立阅读的能力，指导学生学会个性化地阅读，发展学生的想象能力、发现能力和评价能力。

三、培养学生独立阅读能力

在语文阅读教学中常见到教师要求学生“齐读课文”一遍的现象，然后教师再将大部分时间用于分析讲解课文内容，或是草草讨论之后强加给学生一个结论，少有时间真正指导学生诵读课文，潜心体会。究其原因，这与对诵读重要性认识不够有很大关系。这样的阅读教学会使学生厌烦，很难培养学生独立阅读的能力，也难使学生受到文章的感染。培养学生独立阅读能力需要注意以下方面：

第一，认识语文诵读的意义。学生应具有独立阅读的能力，注重情感体验；学会运用多种阅读方法初步理解鉴赏文学作品，进而受到高尚情操与趣味的熏陶，发展个性。阅读是学生的个性化行为，不应以教师的分析代替学生的阅读实践。应让学生在主动、积极的思维和情感活动中，加深对其的理解和体验，对其有所感悟和思考，受到情感熏陶，获得思想启迪，享受审美乐趣。教师要珍视学生独特的感受、体验和理解。诵读是感悟语言的最有效的方法，只有引导学生通过诵读对文章的内容有所感悟，学生才有可能记住其相应的语言形式。朗读能够把作者的言语生动地“复现”为听得到的动人话语，它具有移情的作用，能激发美感。这样朗读者进行朗读，听者听别人朗读都是一种高尚的精神享受。在朗读的境界中，通过自如的声音，生动的语气，抑扬顿挫、轻重徐疾、长短升降的音调节律，能够将作者的感情的运动直接诉诸学生的听觉，并伴随着语义的理解，从而摇荡人心，激发感情，直至学生鉴赏活动的全面展开。因此在教学过程中，特别是在文学作品的讲授中，应将朗读贯穿始终，以读助教。

第二，支持学生开展诵读。语文阅读教学中教师要充分信任学生，将读的权利还给学生，并相信学生能够读懂课文。教师应当鼓励学生不断探索，在自悟自得中感受朗读的乐趣，培养学习语文的乐趣。对于同一内容，学生站在不同的角度可以得到不同的感受，教师应努力创设一个宽松、和谐的教学氛围。朗读指导中，教师不应以自己的标准去要求学生，也不应使学生受到书本限制，而是应尊重学生的独特感受，让学生根据自己的理解，读出不同的感情色彩。

第三节　语文作文课堂教学内容与模式优化创新

一、注重培养学生的作文兴趣

语文作文课堂教学是整个语文教学的重中之重，但当前作文教学的现状是：一方面教师忙于命题、指导，审题选材、布局谋篇、遣词造句，对文章讲述得面面俱到、细致入微，并花费大量时间批改、讲评；另一方面，作为作文主体的学生厌恶、反感、畏惧，为完成任务而编造、拼凑，致使假话、空话、套话连篇。究其原因主要有两个方面：一是部分教师没有真正尊重学生学习主体地位；二是欠缺作文教学方法。这些原因导致作文教学与学生阅读、生活脱节，学生的写作能力不能得到很好的锻炼，长期以来，学生失去对作文的兴趣。培养学生的作文兴趣可以从以下方面着手。

（一）激发学生学习兴趣

语文学习的核心在于学生的主动参与和自我激发，因此，学生应当被视为语文学习的真正主人。语文作文课堂教学的首要任务便是激发学生的学习兴趣，培养他们自主学习的意识和习惯。在这个过程中，教师需要为学生创造一个良好的自主学习环境，尊重学生的个体差异，鼓励他们选择最适合自己的学习方式，从而在写作中获得乐趣和成就感。

第一，在语文作文课堂教学中，教师应当精心设计作文课堂教学内容和形式，以激发学生对写作的热情。通过多样化的教学方法，如故事引导、情境创设、角色扮演等，使学生感受到写作不仅是语言的表达，更是一种情感的释放和思想的交流。教师可以通过设置与学生生活密切相关的话题，激发他们的表达欲望，让学生在写作过程中找到共鸣，感受到写作的乐趣。

第二，在语文作文课堂教学中，教师应重视培养学生的自主学习意识和习惯。自主学习不仅能提高学生的学习效率，还能增强他们的自信心和责任感。教师应引导学生在课前进行预习，了解作文的基本要求和写作技巧；在课堂上，通过小组讨论、自主探究等方式，让学生在互动中激发灵感，互相学习，取长补短；在课后，鼓励学生进行反思和总结，制订个人的学习计划，逐步养成自主学习的良好习惯。

第三，在语文作文课堂教学中，教师应当尊重学生的个体差异。每个学生的兴趣爱好、知识储备和写作能力都有所不同，教师应根据学生的实际情况，提供个性化的指导和帮助。在课堂上，教师可以通过分层教学，针对不同层次的学生设计不同难度的写作任务，既照顾到基础较差的学生，又能满足优秀学生的需求，激发他们的学习积极性。同时，教师应鼓励学生发现自己的写作风格，尝试多种表达方式，让他们在探索中不断提升自己的写作水平。

（二）带动学生勤于练笔

在语文作文课堂教学中，教师要为学生的自主写作提供有利条件和广阔空间，减少对学生写作的束缚，鼓励其自由表达和有创意的表达，提倡学生自主拟题，少写命题作文。练笔是学生自主写作最好的体现。培养学生练笔兴趣的方法主要有如下几种。

1. 尝试与学生交朋友

在语文作文课堂教学中，要改变学生对练笔的心理状态，教师首先要改变自己的“教师位置”，理解学生的思想，包容他们，帮助他们解决学习生活中的烦恼，分享他们的快乐。当学生面对的是亲切和蔼的教师时，会感到轻松自在，自然会产生倾诉的愿望，从“无话可说”变成“有话要说”。同时从对学生德育教育角度来看，这样的练笔可以帮助教师发现问题、及时解决问题。此外，在练笔中要放宽对学生遣词造句、布局谋篇的要求，写作要感情真挚，力求表达自己对自然、社会、人生的独特感受和真切体验。因此，教师要鼓励学生在练笔中表达真情实感，如果用文字过多限制学生，会使学生感到拘束。

2. 引导学生多关注现实

在语文作文课堂教学中，作文教学应贴近学生实际，让学生易于动笔，乐于表达，应引导学生关注现实，热爱生活，表达其真情实感。教师要帮助学生留心生活，发现题材。教师引导学生关注现实，帮助学生发现生活中的材料，具体包括以下内容：

（1）提醒。及时提醒学生关注社会，关注校园生活中的热点、亮点，并及时组织学生交流看法，从而积累素材；教师可以将自己对生活的发现与学生进行交流，以自己的诉说与提问，引发学生倾诉的欲望。

（2）示范。范文的来源较广，可以是优秀作文，也可以是教师的下水文，还可以是班上同学的练笔，其中后两种的效果最佳，这是因为教师和本班学生所写的题材往往比较熟悉。

（3）写信。告诉学生将练笔当成写信，当作写给教师，或者写给最知心的朋友的信。

（4）编故事。可以采用故事创作法，这里的“虚构”并不是无中生有，凭空捏造，而是以实际生活为根据，按照写作要求对各种真人真事经过有选择取舍的加工，编写出一个新的故事。这种教学方法的好处是：调动学生写作的积极性，激励其写作动机，让学生体验完成作品的乐趣；对学生进行自由想象的训练，进而为学生提供有丰富内容的作文机会。

3. 让练笔成为师生交流平台

在语文作文课堂教学中，要让练笔成为师生交流平台，需要注意以下方面：

（1）聊天式批语。教师可以对学生练笔的批阅方式进行改革，将批语改成聊天式的语言。例如，学生提及喜欢的歌曲或书籍，教师可以在批语中表示赞同，并推荐更多的好歌好书；学生写自己的烦恼时可以对其表示理解，并介绍一些解决方法；学生写对学校某个人或某件事的看法时，教师可以把看法表达出来；当学生抄写优秀作文或者编造老套题材时，可以建议他写出真实的事情和想法；当学生取得进步时，教师要用热情的语言表示对其赞赏。

（2）图画表情。借鉴腾讯 QQ 聊天工具上的“表情表达”方式。教师批语中画上一个笑脸，或者难过的表情，或者生气的样子，以使批语更生动有趣。这样的批语可以缩短师生间的距离，让学生感到教师的可亲和可爱，进而使学生产生对教师每一次批语的渴望，进而产生对练笔的兴趣。

（3）随机练笔。有的教师尝试对练笔方式进行改革：采用不固定练笔本主人的方式。准备与班内人数相同数量的练笔本，封面不写名字，每次随意发下练笔本，学生可在自己随机拿到的本子上进行练笔，完成后可以署真名，也可以署假名或不署名。接着大家可任意拿班内的练笔本进行阅读，并可以在文后发表自己的看法和意见，教师在批阅后仍可对有代表性的练笔进行评点。当练笔本成为师生交流平台时，当师生的心灵在练笔本里碰撞时，写作不再是一种负担，而是成为师生间的一座桥梁，一种乐趣。因此，作文教学若能让学生有说话的愿望，并有话可说，作文教学可谓成功一半。

二、努力激发学生的创作欲望

在语文作文课堂教学中，写作是一种创造性的思维活动，是学生语文能力的综合体现。在社会实践中，写作能力可以直接表现出一个人认知事物的能力，其观察事物的敏锐性、思考问题的缜密性、思维角度的新颖独到，均以语言表达的形式展示出来。在语文作文课堂教学中，无论是堂上作文还是课外练习，从命题设计到认真批改，教师们煞费苦心，可是一提起写作，很多学生便表示不感兴趣。以往，教师的作文命题主要是从自身生活体验出发，将作文要求强加于学生，这会给学生造成压力。教师教授学生作文技巧，教其作文章法，可是学生苦于无材料可写，无真情可发，无具体内容可供调度。

因此，语文教师需要培养学生的语言表达能力，特别是书面表达能力，在强调构思新颖、语言流畅、文笔出彩的同时，教会学生以有心人的姿态投入生活，多角度观察、发现生活的丰富多彩，捕捉事物特征，力求有创意地进行表达。作文教学应该着眼于对学生创造能力的培养，让学生根据自己的生活积累发挥创造性，自由地进行写作。要鼓励学生重观察、重思考、重真情实感，要求说真话、说实话、说心里话。鼓励想象和幻想，鼓励其有创意地表达，并应当根据个人特长和兴趣写作，力求有个性，鼓励其自主写作，自由表达，有创意地表达。鼓励其有独到见解，敢于提出看法，作出判断。鼓励学生用适合自己的方法和策略学习。

在发展语言能力的同时，发展思维能力，激发想象和创造潜能，逐步养成实事求是、崇尚真知的科学态度，初步掌握科学的思维方法，进而主动进行探究性学习，在实践中学习、运用语文。激发学生的创作欲望可以从以下方面着手：首先，指导学生积累素材。教师要鼓励学生勤练习，写日记或周记，及时把平时所见所闻所感记录下来；还可以设置记事口袋，将每日有意义的事记在小卡片上，定期整理，进而筛选出有价值的材料。其次，组织交流，启迪思维。教师可向学生推荐优秀读物与同龄人的习作，带领学生阅读，教会学生从他人的生活体验中感悟人生，学习他人的思维方法与作文风格，研究比较其中的奥妙；经常与学生进行交流，交谈对人对事的看法，进而鼓励学生发表见解，以小组讨论的形式表达意见，适时对学生进行引导，使学生形成正确的是非观、价值观；使学生掌握配乐朗诵的方法，进而鼓励学生配乐朗读自己的习作，体会其中的妙处，领会情感在写作中的作用，并引发写作兴趣。再次，化难为易，循序渐进。在具体的作文教学中，从写句子入手，由句子到段落，由赏析到仿写，再到成为一篇文章，由易到难，循序渐进。最后，自由命题与教师命题相结合。教师要站在学生的立场设计题目，使其紧贴学生生活，标题要新颖，要有较强的吸引力。

三、不断优化作文批改的方式

在语文作文课堂教学中，作文批改历来是值得探讨的话题。在传统教学中，学生的作文评分全在教师一念间。教师的评分标准难以跳出旧观念，无形的条条框框束缚了学生的思想。有的教师为了迎合这种评价观，设计各类作文“模式”，让学生套用模板，虽然在短期内这样做见效快，但对学生思维能力的发展是极为不利的。当然，在语文教学中，教师需要起到主导作用，需要有明确的教学目的、严格的教学计划、科学有序的教学内容，以确保完成作文教学任务。但是，语文学习具有重情感体验和感悟特点。每个人有不同的生活体验，不同的感悟，不能以一个模式评价多种情感。

因此，教师给予学生写作的评价方面，要重视对写作过程与方法、情感与态度的评价，如是否有写作兴趣和良好的习惯，是否表达了真情实感，对有创意的表达应予以鼓励；重视对写作材料准备过程的评价，评价可以引导学生通过观察、调查、阅读、访谈、思考等途径，运用多种方法搜集生活中的材料。可见，作文评改应该有一个新的理念。优化作文批改方式主要有以下方面：

第一，分类讲评，突出重点，重在鼓励。在语文作文课堂中，分类讲评是一种有效的批改方式，它能够帮助学生更清晰地了解自己作文的优缺点。教师根据作文的各个方面，如开头、构思、描写、语言、情感等，将学生的作文进行分类讲评，重点突出每个学生的闪光点，鼓励他们继续努力。通过这种方式，学生能够更加明确自己在写作中的优势和不足，从而有针对性地提升自己的写作水平。

第二，分组讨论，互评互改。分组讨论和互评互改是培养学生写作能力的有效途径之一。教师可以将学生按照作文水平高低进行分组，让他们相互展示自己的作品，并进行评议和改进。通过互相借鉴、互相学习，学生可以在合作中提升自己的写作水平，同时也培养了他们的团队合作意识和批判性思维能力。

第三，配乐朗读，激发兴趣。配乐朗读是一种具有创新性的批改方式，它能够激发学生对写作的兴趣和热情。教师要求学生选择自己最得意的作文，在家中配乐朗读并录成视频，然后在课堂上展示。通过这种方式，学生不仅能够感受到写作的乐趣，还能够提高自己的朗读能力和表达能力，从而更好地理解和欣赏自己的作品。

第四，现场朗读，集体评议。现场朗读和集体评议是一种集体参与的批改方式，它能够促进学生之间的交流和互动。教师选出优秀的作文，请作者进行现场朗读，然后大家一起进行评议和讨论。通过这种集体评议的方式，学生不仅能够学习到他人的优点和经验，还能够发现自己作文中的不足之处，从而更好地提升自己的写作水平。

第五，人文性评语，体现关怀。在批改作文时，教师的评语不仅要指出学生的不足和需要改进的地方，更要体现出对学生的关怀和鼓励。教师的评语应该亲切、真诚，通过积极的语言和鼓励性的建议，帮助学生树立信心，激发他们的写作兴趣。只有在充满温暖和关爱的氛围中，学生才能够更好地接受批评和建议，更好地成长和进步。

第六，定向练习，高分激励。定向练习是一种有针对性的写作训练方式，它能够帮助学生逐步提升自己的写作能力。教师根据学生的实际情况，将作文要求化整为零，逐步降低难度，让学生通过完成一个个小任务逐步提升写作能力。同时，通过给予高分和积极的反馈来激励学生，使他们在取得进步的过程中感受到成就感和自信心。通过这种循序渐进的训练方式，学生能够逐步提升自己的写作水平，最终实现全面提升写作能力的目标。

第四节　语文交际能力教学内容与模式优化创新

一、语文交际能力教学内容的优化

在传统的语文交际能力教学中，教材内容往往偏重理论知识的讲解和传统文学作品的分析，而忽视了实际应用能力的培养。这种情况导致学生在面对实际交际场合时，难以将所学知识有效地应用于实践。教材中大量篇幅用于文言文和古典文学的赏析，这固然有其文化传承的意义，但与现代社会中的交际需求存在明显的脱节。现代社会强调的是信息的快速传递和有效沟通，这需要学生具备高效的语言表达和理解能力。然而，现有教材在实际交际技能方面的训练明显不足。课堂教学中，教师多采用传统的讲授式教学方法，学生被动接受知识，缺乏互动和实践机会。这种教学模式不仅限制了学生的主动性和创造力，也不利于其语言交际能力的提升。

语文交际能力教学内容的另一个显著问题是交际技能的单一性与片面性。教材中涉及的交际技能大多集中在书面表达和正式场合的口头表达，而对日常生活中实际需要的多样化交际技能关注不够。例如，如何在非正式场合进行自然流畅的对话、如何在跨文化交流中避免误解和冲突、如何利用新媒体进行有效沟通等，这些实际生活中常见的交际需求在教材中均未得到充分体现。此外，教学内容多注重标准化、规范化的表达，而忽视了学生个性化表达能力的培养。学生在接受教育过程中，往往被要求按照固定的模式进行回答，缺乏自主思考和表达的机会。这种过于规范化的训练虽然可以提高学生的语言准确性，但在一定程度上也抑制了其创新思维和个性表达，无法满足现代社会对多样化、个性化沟通能力的需求。

（一）语文交际能力教学内容的优化方向

第一，引入更多真实场景下的交际案例。为了弥补当前教学内容与实际应用的脱节问题，教学内容的优化应当引入更多真实场景下的交际案例。这些案例不仅能够帮助学生更好地理解和掌握实际交际中的语言使用规律，还可以增强其语言应用的灵活性和应变能力。例如，在教学过程中，可以通过模拟现实生活中的交际场景，如职场会议、社交聚会、跨文化交流等，让学生在真实情境中进行角色扮演和互动，从而提升其语言交际的实战能力。

第二，强调跨文化交际能力的培养。在全球化进程不断加快的今天，跨文化交际能力显得尤为重要。不同文化背景下的交际方式和习惯各异，如何在多元文化环境中进行有效沟通，是现代语文教育需要关注的重要课题。优化语文交际能力教学内容，应当注重跨文化交际能力的培养，通过介绍不同文化背景下的交际礼仪和习惯，帮助学生了解和尊重文化差异，培养其在跨文化交际中保持开放心态和灵活应对的能力。

第三，融合多媒体教学资源，丰富教学内容。随着信息技术的发展，多媒体教学资源在教育中的应用越来越广泛。优化语文交际能力教学内容，应当充分利用多媒体资源，丰富教学手段和内容。例如，通过视频、音频、动画等多媒体资源，生动形象地展示交际场景和语言表达技巧，激发学生的学习兴趣和参与热情。同时，利用网络平台和社交媒体开展在线讨论和交流活动，为学生提供更多的语言实践机会，提升其语言交际能力。

（二）语文交际能力教学内容的优化策略

第一，更新教材内容，增加实践环节。为了实现语文交际能力教学内容的优化，首先，需要对现有教材内容进行更新。在保留经典文学作品赏析和语言基础知识的同时，增加更多与现代社会实际交际需求相关的内容。例如，增设职场沟通、社交礼仪、跨文化交流等专题，提供丰富的实际交际案例和练习题，帮助学生在不同情境下运用所学知识。其次，教材中应当增加实践环节，设计丰富多样的语言实践活动，如角色扮演、模拟对话、小组讨论等，增强学生的实践能力和互动体验。

第二，开发交际技能训练课程与活动。在语文交际能力教学内容的优化过程中，除了更新教材，还应当开发专门的交际技能训练课程与活动。这些课程和活动可以以课外活动或选修课程的形式进行，内容涵盖口才训练、辩论技巧、演讲与主持等，重点培养学生的语言表达和沟通技巧。同时，可以组织语言沙龙、文化交流会、模拟联合国等丰富多彩的活动，为学生提供更多实际交际的机会，提升其语言应用能力和综合素质。

二、语文交际能力教学模式的创新

传统的语文交际能力教学模式多采用传统讲授法，这种方法在知识传递方面具有一定优势，然而在培养学生实际交际能力方面存在明显的局限性。传统讲授模式强调教师的主导地位，教师通过单向信息传递来进行知识讲解，学生被动接受。这种教学方式忽视了学生在学习过程中的主动性和互动性，导致其语言交际能力得不到充分锻炼和发展。传统讲授模式缺乏互动性和实践性。教师在讲台上讲授知识，学生在课桌前听讲，课堂交流主要以教师提问、学生回答的形式进行，师生互动有限。学生的语言表达机会和实际应用能力的培养被极大限制。此外，传统讲授模式重视知识点的灌输，而忽视了语言的实际应用环境和语境，这使得学生在现实交际中难以将课堂所学知识转化为实际能力。

在传统的语文交际能力教学中，学生的参与度和实践机会相对不足，这一问题的根源在于教学模式的单一和缺乏多样性。学生在课堂上主要以听讲和做笔记为主，缺乏主动参与和互动的机会，导致其学习兴趣和积极性不高。同时，实践环节的缺失使得学生的语言交际能力难以得到有效提升。语言交际能力的培养不仅需要理论知识的学习，更需要大量的实践和互动。然而，在传统教学模式下，课堂活动多以教师为中心，学生参与的机会有限。即使有一些互动环节，也往往流于形式，无法真正激发学生的语言潜能和创造力。这样的教学模式不仅影响了学生的学习效果，也无法满足现代社会对高素质、综合性人才的需求。

（一）语文交际能力教学模式的创新方法

第一，案例分析法。通过实际案例讨论，提升学生分析问题的能力。案例分析法是一种通过分析和讨论实际案例来培养学生语言交际能力和问题解决能力的教学模式。在案例分析法中，教师可以选择具有代表性和现实意义的交际案例，让学生进行深入分析和讨论，通过集思广益的方式，培养其逻辑思维和语言表达能力。在具体实施过程中，教师可以将学生分成若干小组，每组负责一个案例的分析和讨论。学生通过查阅资料、集体讨论、观点陈述等方式，分析案例中的交际问题和解决策略，并在课堂上进行汇报和交流。这种教学模式不仅能够提升学生的语言表达能力，还能培养其团队合作和创新思维能力。

第二，角色扮演法。模拟真实交际场景，锻炼学生的交际能力。角色扮演法是一种通过模拟真实交际场景，让学生扮演不同角色进行语言实践的教学模式。这种模式强调学生的主动参与和情境体验，通过扮演不同角色，学生能够在实践中应用所学知识，锻炼其语言交际能力和应变能力。在具体实施过程中，教师可以设计各种交际情境，如职场会议、社交聚会、跨文化交流等，让学生在模拟情境中进行角色扮演和互动。此外，角色扮演法还可以增强学生的互动体验和情感投入，激发其学习兴趣和动力。

第三，项目式学习。通过小组协作完成实际项目，提升综合交际能力。项目式学习是一种通过小组协作完成实际项目来培养学生综合交际能力的教学模式。这种模式强调学生在实际项目中的主动参与和合作学习，通过解决实际问题，提升其语言交际能力和综合素质。在具体实施过程中，教师可以设计各种实际项目，如社区调查、文化交流活动、社会实践等，让学生分组合作完成项目。在项目实施过程中，学生需要进行资料收集、项目策划、任务分工、成果展示等一系列活动，通过合作与交流，提升其语言表达和沟通能力。此外，项目式学习还能够培养学生的团队精神和创新能力，促进其综合素质的全面发展。

（二）语文交际能力教学模式的创新路径

第一，采用互动式、合作式教学模式。为了突破传统教学模式的局限，语文交际能力教学应当采用互动式和合作式教学模式。这些教学模式强调师生之间、生生之间的互动，通过多样化的课堂活动和合作学习，提升学生的语言交际能力和综合素质。互动式教学模式强调师生之间的互动与交流，教师在教学过程中引导学生积极参与，通过讨论、辩论、角色扮演等多种形式的课堂活动，激发学生的学习兴趣和语言表达兴趣。合作式教学模式则注重学生之间的合作与协作，通过小组讨论、项目合作等形式，培养学生的团队精神和合作能力。这些教学模式不仅能够提高学生的参与度，还能帮助其在实践中不断提升语言交际能力。

第二，引入模拟交际情境，增强学生的实践能力。为了更好地培养学生的语文交际能力，语文教学过程中应当引入模拟交际情境。模拟交际情境能够提供逼真的语言环境，让学生在接近真实的情境中进行语言实践，从而提高其语言应用能力和实际交际能力。在模拟交际情境中，教师可以设计各种实际生活中的交际场景，如会议讨论、社交聚会、跨文化交流等，让学生进行角色扮演和情境演练。通过这种方式，学生可以在实践中应用所学知识，锻炼语言表达和沟通技巧，提高应对不同交际场合的能力。此外，模拟交际情境还可以增强学生的互动体验和情感投入，激发其学习兴趣和动力。

第三，利用技术手段，如虚拟现实、在线平台等，拓展教学空间。随着信息技术的迅速发展，虚拟现实技术和在线平台的应用为语文交际能力教学提供了新的路径和手段。利用这些技术手段，可以有效拓展教学空间，丰富教学内容和形式，提升语文教学效果。虚拟现实技术可以创建高度仿真的交际环境，让学生在虚拟世界中进行语言实践和交际活动。这种沉浸式的学习体验能够极大地增强学生的参与感和现实感，帮助其在模拟情境中不断提升语言交际能力。在线平台则为学生提供了更多的交流和互动机会，通过网络平台开展在线讨论、视频会议、跨文化交流等活动，让学生在多样化的语言环境中进行实践和锻炼，提升其语言交际能力和跨文化沟通能力。

第五节　语文阅读与写作教学模式实践策略研究

一、语文阅读与写作教学模式的实施方法

（一）引入多元化教学资源，丰富阅读与写作教学内容

在语文教学中，引入多元化的教学资源是提升学生阅读与写作能力的重要策略。传统的语文教材虽然内容丰富，但其局限性在于材料的单一性和难以满足学生多样化的学习需求。因此，教师应积极利用网络资源、图书馆资源和社会资源，将多种形式的文学作品、新闻报道、科学文章等引入课堂，扩展学生的阅读面。这不仅有助于培养学生的阅读兴趣，还能提高他们的文化素养和理解能力。

第一，网络资源的引入是当今教学中的重要手段。互联网提供了海量的信息和资源，教师可以通过精选优质的在线文章、电子书籍、视频资料等，丰富课堂教学内容。例如，在讲解《鲁滨孙漂流记》时，教师可以补充关于 17 世纪航海背景的纪录片和图片资料，使学生对作品的时代背景有更深入的理解。此外，利用网络平台，教师可以推荐学生在课后阅读相关书评、影评，进行在线讨论，从而扩展课堂教学的深度和广度。

第二，图书馆资源的有效利用同样不可忽视。学校图书馆和社会公共图书馆

都藏有丰富的文学和学术资源，教师可以引导学生定期借阅相关书籍，进行课外阅读。通过举办读书会、读书报告会等活动，鼓励学生分享阅读心得，培养他们的阅读习惯和批判性思维能力。例如，在学习《红楼梦》时，可以组织学生查阅相关的研究资料和评论文章，从不同角度探讨作品的主题和艺术手法，培养他们的研究能力和学术素养。

第三，社会资源的利用也是拓宽学生视野的重要途径。教师可以组织学生参加文学讲座、作家见面会、戏剧表演等活动，让他们亲身体验文学创作和表演的魅力。例如，在学习《雷雨》时，教师可以带领学生观看话剧表演，感受戏剧冲突和人物形象的现场呈现。这不仅能加深学生对文本的理解，还能激发他们的创作灵感，提升写作能力。

（二）创设语文真实情境，激发学生阅读与写作兴趣

在语文教学中，创设真实情境是激发学生阅读与写作兴趣的有效策略。通过模拟现实生活中的各种情境，使学生在具体、生动的环境中进行阅读和写作，不仅能提高他们的学习积极性，还能增强他们的语言应用能力和创造力。

第一，教师可以在课堂上创设与教学内容相关的情境，使学生在情境中感受文本的魅力。例如，在学习《卖火柴的小女孩》时，可以将教室布置成寒冷的冬夜，播放下雪的声音效果，并安排角色扮演活动，让学生模拟小女孩卖火柴的情景。在这种逼真的情境中，学生能够更深刻地体会到小女孩的悲惨境遇，从而更加投入地阅读和理解文本内容。通过情境创设，学生不仅能提高阅读兴趣，还能培养同理心和感受力。

第二，教师可以通过项目式学习，创设综合性情境，提升学生的阅读与写作能力。项目式学习是一种以学生为中心的教学模式，通过让学生完成一个实际的项目，培养他们的综合能力和解决问题的能力。例如，在学习《西游记》时，可以组织学生开展“西游记文化探秘”项目，要求他们分组查阅资料、撰写报告、制作展示板，并进行课堂展示和讨论。在这一过程中，学生不仅要进行大量的阅读和写作，还要进行团队合作、资料搜集和分析等多方面的实践活动。这种综合性情境的创设，能有效地提升学生的综合能力和学习效果。

第三，教师可以利用生活中的真实情境，激发学生的写作兴趣。生活是写作的源泉，教师可以鼓励学生从日常生活中寻找写作素材，记录身边的故事和感受。例如，在学习《我的叔叔于勒》时，可以让学生观察和记录家庭成员的日常生活，撰写“我的家人”系列文章。通过这种方式，学生能够更好地将书本知识与生活实际结合起来，提高写作的真实感和表达力。

（三）实施项目式学习，提升学生语文综合能力

项目式学习作为一种以学生为中心的语文教学方法，通过让学生在实际项目中进行探索和学习，能够有效提升学生的语文综合能力，特别是在语文阅读与写作教学中，具有显著的优势和效果。

第一，项目式学习可以培养学生的自主学习能力和探究精神。在传统的教学模式中，学生往往是被动地接受知识，而项目式学习则鼓励他们主动探索和发现问题。例如，在学习《三国演义》时，教师可以设计一个“探究三国文化”的项目，要求学生分组查阅历史资料、分析人物形象、探讨作品中的战略思想等。在这一过程中，学生不仅需要进行大量的阅读和写作，还要进行自主的资料搜集和分析。这种自主探究的学习方式，能够培养学生的独立思考和解决问题的能力。

第二，项目式学习有助于提高学生的团队合作能力和沟通交流能力。在项目实施过程中，学生需要分组合作，共同完成任务。例如，在学习《水浒传》时，可以组织学生开展“水浒英雄榜”项目，要求他们分组制作人物简介、绘制人物关系图、撰写人物评论等。通过团队合作，学生不仅能够提高阅读和写作能力，还能培养合作精神和沟通技巧。这对于他们未来的学习和工作，都具有重要的意义。

第三，项目式学习能够提升学生的创新能力和实践能力。在项目实施过程中，学生需要进行创意设计和实际操作。例如，在学习《儒林外史》时，可以让学生设计一个“古代科举考试模拟”项目，要求他们模拟古代科举考试的过程，撰写考题和答案，并进行现场演示。通过这种实践活动，学生不仅能够加深对文本的理解，还能培养创新思维和实践能力。这种综合能力的培养，对于学生的全

面发展具有重要作用。

（四）强化读写结合，推动阅读与写作的相互促进

在语文教学中，阅读与写作是两个相辅相成的过程，强化读写结合，能够促进二者的相互促进，提高学生的综合语文素养。读写结合不仅有助于加深学生对文本的理解，还能提高他们的表达能力和思维能力。

第一，通过阅读促进写作，是提高学生写作能力的重要途径。阅读是写作的基础，广泛的阅读可以拓宽学生的知识面，丰富他们的语言表达。例如，在学习《朝花夕拾》时，教师可以要求学生阅读鲁迅的其他作品，如《呐喊》《彷徨》等，通过比较和分析不同作品的写作风格和主题思想，提升他们的写作能力。此外，教师可以组织阅读心得分享会，鼓励学生撰写读后感，从中提炼写作技巧和表达方法。通过这种方式，学生不仅能够提高阅读理解能力，还能提升写作水平。

第二，通过写作促进阅读，是加深学生对文本理解的重要手段。写作是阅读的延伸，能够帮助学生更好地理解和消化所读的内容。例如，在学习《骆驼祥子》时，教师可以布置“写一篇骆驼祥子的命运分析”作文，要求学生通过阅读文本，分析人物性格和命运变化，从而加深对作品的理解。在写作过程中，学生需要反复阅读和思考，从不同角度进行分析和表达，这有助于他们更全面地理解文本内容和主题思想。

第三，通过读写结合，能够培养学生的综合语文素养。在教学中，教师可以设计各种读写结合的活动，促进学生全面发展。例如，在学习《史记》时，可以组织学生进行“史记小传”创作活动，要求他们选择一个历史人物，阅读相关资料，撰写人物小传。通过这种活动，学生不仅要进行大量的阅读，还要进行深入的思考和写作，从中培养他们的综合语文素养和学术能力。

二、语文阅读与写作教学模式的实践过程

（一）设计实施基于创新策略的阅读与写作教学方案

在语文阅读与写作教学中，设计并实施基于创新策略的教学方案是确保教学

效果的关键环节。创新策略的应用不仅能激发学生的学习兴趣，还能提高他们的综合能力和语言素养。

第一，设计基于创新策略的教学方案需要明确教学目标和内容。在语文教学中，阅读与写作是两个相互促进的重要方面。教师在设计教学方案时，应将阅读与写作有机结合起来，通过具体的教学目标引导学生在阅读中学会写作，在写作中深化阅读理解。例如，在讲授《红楼梦》时，教师可以设置“人物分析”和“情节发展”两大教学目标，通过阅读文本和写作人物评论，帮助学生深入理解作品的主题和艺术手法。

第二，信息技术的应用也是创新教学方案中的重要环节。随着信息技术的迅速发展，网络资源和多媒体教学工具为语文教学提供了丰富的资源和手段。教师可以利用网络平台和电子设备，开展在线阅读和写作活动。例如，在学习《水浒传》时，教师可以推荐学生使用电子图书阅读相关章节，通过网络论坛进行讨论和交流，撰写读书笔记和评论文章。这种信息化的教学方式不仅能拓宽学生的阅读面，还能提高他们的写作水平和信息素养。

第三，评价机制的设计也是确保创新教学方案有效实施的重要环节。科学的评价机制能够客观反映学生的学习成果和进步，激励他们不断努力和提高。教师可以采用多元化的评价方式，如过程性评价、终结性评价、自评和互评相结合，通过综合考量学生的阅读和写作能力，给予及时反馈和指导。

（二）跟踪记录阅读与写作教学过程，收集学生反馈

在语文阅读与写作教学中，跟踪记录教学实践过程和收集学生反馈是确保教学方案有效实施的重要环节。通过系统的跟踪和反馈机制，教师能够及时了解学生的学习情况，发现教学中的问题，调整和优化教学策略，从而提高教学效果。

第一，系统的跟踪记录是教学实践的重要保障。在实施创新教学方案过程中，教师应制订详细的跟踪记录计划，记录每一节课的教学内容、教学方法和学生的学习表现。例如，在学习《红楼梦》人物关系时，教师可以记录学生的分组情况、每次讨论的主题和成果、各组的进展情况和存在的问题。这些记录不仅为后续教学提供了宝贵的参考资料，还能帮助教师科学地评估教学效果。

第二，课堂观察是跟踪记录的重要手段。教师可以通过观察学生在课堂上的表现，了解他们的参与度和学习效果。例如，在模拟《红楼梦》经典场景的角色扮演活动中，教师可以观察学生的情感投入、语言表达和合作情况，记录他们的表现和反应。通过课堂观察，教师能够直观地了解学生的学习状态，及时发现和解决教学中的问题。

第三，收集学生反馈是改进教学的重要途径。学生作为教学活动的主体，其反馈对于教师优化教学策略具有重要意义。教师可以通过多种方式收集学生的反馈，如问卷调查、课堂讨论、个别访谈等。例如，在完成《红楼梦》学习后，教师可以设计一份问卷，了解学生对项目的看法和建议，收集他们在项目过程中遇到的困难和问题。这些反馈不仅能帮助教师了解学生的学习需求和困难，还能为后续教学提供有针对性的改进建议。

第四，建立学生学习档案是记录和反馈的重要方式。学生学习档案是一种综合性的记录工具，能够全面反映学生的学习过程和成果。教师可以为每个学生建立个人学习档案，记录他们的阅读笔记、写作作品、课堂表现和反馈意见。例如，在学习《红楼梦》的过程中，教师可以将学生的读书笔记、人物评论、项目报告等收集整理，形成完整的学习档案。这不仅有助于教师系统评估学生的学习情况，还能为学生提供自我反思和成长的机会。

第五，利用信息技术进行记录和反馈也是现代教学的重要手段。教师可以通过在线学习平台和电子档案系统，方便快捷地记录和反馈教学过程和学生表现。例如，在使用网络平台进行在线阅读和写作活动时，教师可以通过平台的记录功能，跟踪学生的阅读进度和写作情况，及时给予反馈和指导。这种信息化的记录和反馈方式，不仅提高了工作效率，还能增强师生互动和交流。

（三）分析阅读与写作教学实践效果，总结成功经验

在语文阅读与写作教学中，分析教学实践效果，总结成功经验与不足，是提高教学质量和促进教学改革的重要环节。通过科学的分析和总结，教师能够客观评估教学方案的实施效果，发现教学中的问题和不足，提炼成功经验，为后续教学提供指导和借鉴。首先，教学实践效果的分析是总结工作的基础。教师可以通

过多种方式收集和分析教学数据，如学生的课堂表现、作业完成情况、测试成绩等。其次，数据分析是评估教学效果的重要工具。教师可以利用统计分析方法，对学生的学习数据进行量化分析。再次，总结成功经验是教学改进的重要环节。通过对成功案例的总结和分析，教师可以提炼出有效的教学策略和方法，为后续教学提供借鉴。最后，发现和总结教学中的不足也是教学改进的关键。通过分析教学中的问题和不足，教师能够找出教学方案的薄弱环节，为后续教学提供改进方向。此外，教学反思和交流是总结工作的延伸。教师可以通过教学反思，系统整理和总结教学经验和不足，形成教学研究报告。通过与同事和专家的交流，教师可以分享成功经验，探讨语文教学中的问题和解决方案，促进语文阅读与写作教学改革和发展。

三、语文阅读与写作教学模式的评估与反思

（一）建立多元化评估体系，评价学生阅读与写作的能力

语文阅读与写作教学模式的评估是确保教学目标达成的重要环节。在评估过程中，建立多元化的评估体系至关重要。这一体系应当涵盖过程性评价、终结性评价、自我评价与互评等多种方式，全面、客观地反映学生在阅读与写作中的表现和进步，进而促进学生的全面发展。

第一，过程性评价是多元化评估体系的核心。过程性评价注重学生在学习过程中的表现和进步，通过持续的观察和记录，全面反映学生的学习状态和能力提升情况。在阅读教学中，教师可以通过阅读日志、读书笔记和阅读报告等方式，记录学生的阅读过程和理解情况。

第二，终结性评价是多元化评估体系的重要组成部分。终结性评价通常在一个学习阶段结束时进行，旨在评估学生的学习成果和达成度。在阅读与写作教学中，终结性评价可以采用考试、论文、项目报告等多种形式。

第三，自我评价和互评是多元化评估体系的创新手段。自我评价鼓励学生反思自己的学习过程和成果，增强自我认知和改进能力。例如，在完成一次写作任务后，教师可以要求学生填写自评表，反思写作过程中的优点和不足，提出改进

措施。互评则通过同伴间的评价和反馈，促进学生之间的交流和学习。

第四，多元化评估体系应当关注学生的个体差异，采取灵活多样的评价方法，尊重学生的多样性和个性化发展。例如，对于阅读速度较慢但思考深入的学生，教师可以通过个别辅导和鼓励深度阅读，激发他们的潜力。对于写作能力较强但阅读兴趣不足的学生，教师可以通过推荐适合他们兴趣的书籍，培养他们的阅读习惯。通过个性化的评价和指导，教师能够帮助每个学生找到适合自己的学习方式，充分发挥他们的潜力和特长。

（二）运用数据分析工具，对教学实践效果进行量化评估

在现代教育中，数据分析工具的运用为评估教学实践效果提供了科学、客观的依据。语文阅读与写作教学模式的量化评估，不仅能够帮助教师了解学生的学习情况和教学效果，还能为教学改进提供数据支持。

第一，数据收集是量化评估的基础。在语文阅读与写作教学中，教师可以通过多种途径收集数据，如学生的阅读日志、写作作业、考试成绩、课堂表现等。这些数据不仅反映了学生的学习成果，还能揭示他们在学习过程中的进步和困难。

第二，数据整理与分析是量化评估的关键步骤。教师可以利用电子表格软件（如 Excel）或专业的教育数据分析工具（如 SPSS），对收集到的数据进行整理和分析。例如，通过对学生阅读日志的字数、内容和质量进行统计，教师可以了解学生的阅读量和阅读理解水平。通过对写作作业的词汇量、句子结构和篇章组织进行分析，教师可以评估学生的写作能力和进步情况。这些量化数据不仅为教师提供了详细的教学效果评估，还能揭示学生在语文阅读与写作中的优势和不足。

第三，数据可视化是提升量化评估效果的重要手段。通过数据可视化工具，教师可以将复杂的数据转化为直观的图表和图形，便于分析和解释。例如，通过绘制学生阅读量和理解水平的趋势图，教师可以直观地展示学生在阅读过程中的进步和变化。通过制作写作成绩的分布图和对比图，教师可以清晰地看到学生的写作能力分布和发展情况。这些可视化的数据不仅便于教师分析和反思，还能为学生和家长提供直观的学习反馈，激励学生不断进步。

第四，数据分析工具的运用还可以支持个性化教学和精准干预。通过对学生个体数据的深入分析，教师可以发现每个学生的学习特点和需求，制订有针对性的教学计划和改进措施。例如，通过分析学生在阅读测试中的得分和错误类型，教师可以识别他们在理解和分析中的薄弱环节，提供针对性的辅导和练习。通过对写作作业的评估和反馈，教师可以帮助学生发现写作中的问题，提供具体的改进建议。通过这种数据驱动的个性化教学，教师能够更有效地满足学生的学习需求，提高语文阅读与写作教学效果。

第五，数据分析工具的运用还可以支持教学研究和教学改进。通过对大量教学数据的综合分析，教师可以发现教学模式和策略中的优劣，提炼成功经验和改进措施。例如，通过对不同教学方法的效果进行比较分析，教师可以评估项目式学习、情境教学等创新策略的实际效果，为教学改进提供数据支持。通过对学生反馈数据的分析，教师可以了解学生对不同教学活动和策略的看法和意见，为教学决策提供参考。这种基于数据分析的教学研究，不仅能提升教师的专业水平，还能推动语文阅读与写作教学改革和发展。

（三）反思阅读与写作教学实践中的得失，提出改进建议

在语文阅读与写作教学中，反思教学实践中的得失，提出改进建议，是确保教学质量持续提升的重要环节。通过系统的反思，教师能够深入分析教学中的成功经验和不足，找出问题的根源，为后续教学提供科学的改进策略。下面主要探讨如何通过系统的反思，提升语文阅读与写作教学的效果。

第一，反思教学目标的达成情况是反思工作的基础。教学目标是教学活动的出发点和归宿，反思教学目标的达成情况，可以帮助教师评估教学的有效性和方向性。例如，在完成《红楼梦》的阅读教学后，教师可以反思学生在阅读理解、人物分析和写作表达等方面是否达到了预期的教学目标。通过对照教学目标和学生的学习成果，教师能够发现教学中的成功之处和不足，为后续教学目标的设定提供参考。

第二，反思教学方法和策略的应用情况是反思工作的重点。教学方法和策略的选择与应用，直接影响教学效果和学生的学习体验。例如，在实施项目式学习

和情境教学时，教师可以反思这些创新策略在实际教学中的效果和问题。通过回顾教学过程，教师可以发现哪些教学方法和策略能够有效激发学生的学习兴趣，促进他们的阅读和写作能力提升；哪些方法和策略在实施过程中存在困难和不足，需进行调整和改进。这种反思不仅有助于优化教学方法和策略，还能提升教师的教学能力和水平。

第三，反思学生的学习情况和反馈是反思工作的核心。学生是教学活动的主体，反思学生的学习情况和反馈，能够帮助教师了解他们的学习需求和困难，为教学改进提供科学依据。例如，通过分析学生的阅读日志和写作作业，教师可以发现学生在阅读理解和写作表达中的薄弱环节，了解他们的学习兴趣和习惯。通过收集学生的反馈意见，教师可以了解他们对不同教学活动和策略的看法和建议。这些信息不仅有助于教师调整教学内容和方法，还能增强师生互动和合作，提升教学效果。

第四，反思教学资源的利用情况也是反思工作的重要方面。教学资源的选择和利用，直接影响教学效果和学生的学习体验。例如，在使用多媒体和网络资源开展教学时，教师可以反思这些资源的有效性和适用性。通过回顾教学过程，教师可以发现哪些资源能够有效支持阅读和写作教学，提升学生的学习兴趣和效果；哪些资源在实际应用中存在问题，需进行优化和改进。这种反思不仅有助于提高教学资源的利用效率，还能推动教学资源的创新和发展。

第五，反思教学评价和反馈机制的设计和实施情况是反思工作的延伸。例如，在开展多元化评估时，教师可以反思过程性评价、终结性评价、自评和互评等不同评价方式的效果和问题。通过分析评价结果和学生的反馈意见，教师可以发现评价机制中的优劣，提出改进建议。这种反思不仅有助于优化评价机制，提高评价的科学性和公正性，还能增强学生的学习动力和自我反思能力。

第六章　语文课堂教学模式的创新视角及其实践

第一节　语文课堂互动教学模式

互动教学强调师生共同创造出多边互动的教学环境，强调在平等自由、轻松愉快的交流与探讨过程之中，进行观点交流，情感交流，在此基础上逐步提高学生的学习主动性和求知欲。具体来讲，互动也被称为互动作用，其本身指的是双方互相作用。语文课堂互动教学模式是一种具有科学性的教学模式，其改变了传统课堂教学之中教师的主导地位，营造了师生平等、合作、共同进步的课堂氛围。这种教学模式试图让教师与学生在知识学习、情感交融、思想进步、精神锻炼等多个方面实现教学相长。

一、语文课堂互动教学模式的原则

语文课堂互动教学的精髓在于学生在课堂的学习、交流、思考过程中感受沟通的技巧，语言的魅力，人文精神的深度，触摸中国文化的灵魂，提升自身思考问题和欣赏美的能力。语文课堂互动教学模式是建立在教师与学生之间在相互尊重基础上的平等互动关系，真正实现教师与学生之间的有效互动，教师要放弃以自己为主导的思想理念，同时帮助学生自发主动积极参与课堂教学中来。激发学生积极性，创造良好的课堂氛围，学生大胆主动地学习知识思考问题，这样宽松自由充满激情的课堂氛围，能够促进师生共同发展。

第一，开放性原则。开放性原则是教师开启学生内在思维的大门。传统的教学模式只停留在互动的表面，互动程序化简单化，不能激发学生参与课堂互动的热情。想要让学生认为语文课堂互动性好，应该提出更多大纲之外的内容让学生思考，拓展他们的思维，或者更多插入与生活息息相关的案例，使学生自己主动打开内在思维。

第二，互助性原则。互助性原则是指在语文课堂互动教学中，教师不再占主导地位，而是与学生交流沟通，提高自身编写课堂教案的能力，而学生也不是被动的参与者，而是积极参与到课堂教学中来，增强自身思考问题的能力，达到相互促进相互提升的和谐状态。要做到这个原则，首先要确定教师的引导作用，对教师提出了更多要求，教师要能保持现有知识结构，拓展补充更多课外内容，提高完善教学水平；其次要尊重学生的主体地位，教师应及时了解学生思想动态，掌握学生兴趣特点，设计问题时结合学生实际，提出更能带动学生兴趣的问题，充分调动学生积极性。

第三，依存性原则。依存性原则是指在语文课堂互动教学中，教师和学生之间相互依存，相互促进的关系。这就要求教师将合作、探究的教学理念呈现在自己的教学行为中，调动学生参与课堂互动的积极性。教师需要扮演导演的角色，在课堂学习中让学生充分领悟到课文基本思想，了解课文精髓，同时引导学生自己得到多角度的答案，提升学生思维能力。新型的教学互动需要教师和学生的共同参与，教师不再是绝对地主导教学活动的组织者，而是引导学生成为教学活动的主体，学生也不再是被动接受的参与者，而是要积极参与教学过程。在交流学习中，也引导学生自己发言，教师默默地成为倾听者和引导者，学生和教师的角色在不断交换。良好的教学互动依存关系，才能促进师生共同成长。

第四，延展性原则。延展性原则是指在语文课堂互动教学中，教师和学生的互动，除了在课堂上还应该延展到课堂之外，多组织活动增进师生之间的感情，更好地建立平等和谐的关系。课堂互动的真正意义不是只有课上 45 分钟的互动，而是让学生在课下、在广阔的生活和其他课程的学习中，也能形成良好的互动和沟通。课堂时间毕竟有限，光凭课堂上的互动教学是无法真正让学生理解语言的魅力，无法实现自主合作的真正意义。只有通过课下各种形式的互动，作为课上互动的有益补充，才能激发学生的课堂学习兴趣，同时也能更好地实践课堂学习中的理论，对于互动教学中的延展，是个很好很有益的尝试。

二、语文课堂互动教学模式的实施

（一）注重提示的重要作用

在语文课堂互动教学中，提问作为课堂互动的重要环节，需要教师给予足够的重视和创新，先需要纠正错误的观念，即教师讲授正确标准答案，学生进行记忆和重复，学生只是被动的接受者。教师应树立这样的观念：给予学生一些提示，让学生自己找到问题的答案，同时鼓励他们在课堂上积极作答，并让其他同学参与其中，发表自己的看法和判断，让互动更有效更民主。这样做不仅能够缩短师生之间的距离，让教师高高在上的权威地位可以走下讲台，也可以帮助学生树立信心，调动自己的思考能力得到正确答案，更好地建立和谐的师生氛围。

1. 尊重学生的主体性地位

在语文课堂互动教学中，教师要考虑学生的个体差异性，在设计问题时，要多关注学生的思维、情绪和心态，根据学生掌握知识的情况和回答问题的水平设计授课内容，灵活调整授课时间和讲解方式，更多地考虑学生主体地位和接受知识的能力。同时，在课堂上充分理解尊重学生提出的问题，给予详细的讲解，让学生感觉自己得到重视，这样才能更有信心进行互动交流。在课堂时间不够的情况下，教师可以适时舍弃自身设计好的问题，避免教师自问自答的情况。所有课堂教育的出发点都是充分调动学生的互动积极性，而不是为了完成教学任务，只有教师根据学生课堂变化进行设计自己的教学计划时，才能收到更好的教学效果。

2. 灵活地运用提问的技巧

在语文课堂互动教学中，教师是可以设计问题和有技巧的提问，来实现调动学生积极性，让学生获得成就感和自豪感。这种技巧对于活跃课堂氛围有重要作用，教师需要设计学生课堂回答问题的机会，使得每个学生都能参与到课堂互动中来。教师还可以根据不同层次学生回答问题的水平进行侧重提问，根据维果斯基的最近发展区理论，针对尖子生可以提问更有深度更发散思维的问题，对一般学生只要求大纲提出的难度，对于学困生可以适时降低问题难度，使得不同层次学生不仅能参与回答还能获得回答后的成就感。同时在布置作业和课后拓展性问题的设计上，也可以采取这样的技巧，合理布局问题难度，让每个学生都参与，每个学生都在课堂上积极主动互动，体验成功的感觉。

3. 科学提出有价值的问题

（1）设计独特的问题。所谓独特问题是指不墨守传统、能够激发学生跳出常规思维范式的问题。这类问题不仅能够引发学生的兴趣，还能够促使他们产生交流的愿望。学习热情并非天生具备，而是通过教师设计引人入胜的问题，并通过逐步训练逐渐培养起来的。学生只有在愿意并乐于回答问题的情况下，才能实现教学的最佳效果。因此，教师的重要任务之一就是设计富有趣味性和独特性的问题，以激发学生对语文学习的热情。

（2）从不同的侧面提问题。在语文课堂互动教学中，提问不是只有一种方式，可以通过不同侧面进行思考总结。例如，在课文《背影》的学习中，父亲的背影在不同时刻有不同含义，通常是引导学生分析各种场合下背影的含义，但是作为教师也可以从旁观者的角度进行描述，从父亲的背影给旁观者产生的印象上加以分析，能够加深学生对作者所表达意思的深刻的理解。

（3）设置适度的问题。在语文课堂互动教学中，教师要时刻注意学生的态度变化，如果学生回答问题时毫不犹豫并且能理解准确，说明这个问题对学生来说太过简单，可以通过继续提问延伸问题的形式，让学生进一步思考；如果问题回答过程中，学生思路不清晰或者回答不够准确，教师应修改提问的方式和思路，并给予学生适当的提示，使学生能够更快地领会课程问题，更好地互动交流。

4. 注重提问中的角色互换

在语文课堂互动教学中，教师和学生都是参与者和知识共享者，传统课堂教学中，唯教师独尊，造成教师和学生的地位不平等，双方之间的互动交流也不是建立在尊重和理解的基础上，这样的互动不够真诚和有效。新课改背景下的师生互动，教师不再是唯一的问题发起人，学生也可以提出自己的思考和问题，通过和教师辩论的方式，实现真正的互动。角色互换体现在教师设疑学生解疑，也体现在学生设疑教师解疑，通过双方深入地发现问题、分析问题，提高学生独立思考的能力。

5. 调动参与互动的积极性

在语文课堂互动教学中，并非所有学生都能积极参与进来，有些学生跟不上教师步伐不愿意参与课堂互动，对于这样的学生，教师需要采取策略调动他们的积极性。

（1）重复问题。课堂互动中会遇到学生不能领会教师所提问题，或者由于紧张消极面对问题，这种情况下，教师可以委婉地换个方式来提问，不要对学生的消极态度所影响，而是心平气和地重复问题，让学生积极思考并作答。

（2）改变问题的措辞。在某些情况下，学生可能会遇到难以理解教师提出的问题，从而无法给出答案。当出现这种情况时，教师可以在不改变问题的内容和难度的前提下，通过调整提问方式和内容，使之更加清晰易懂，减少学生的困扰，促使其能够积极思考并参与讨论。

（二）重建互动交流的氛围

在语文课堂互动教学中，良好的课堂氛围，是有效交流沟通的保证，只有宽松自由的对话环境，才能更好地促进师生之间的互动。如何创建更好的互动交流氛围，教师要摆脱过于严肃的形象，切实了解学生心理状态，设计贴近学生的课堂问题，创造更多的空间增加教师和学生的互动，最大程度激发学生提出问题的勇气和能力。

1. 构建新型的师生关系

传统的语文课堂教学中，教师是主导者，是课堂教学的主体，学生是被动的接受者，是课堂教学的配角。但是要想创造新型课堂氛围，教师必须走到学生中间，做好导演，把演员的位置让给学生，使其可以畅所欲言，使课堂氛围充满活力，互动才能更完美地进行。要想让语文课堂气氛热烈积极有活力，首先，教师要保证学生有充足的思考时间和学习时间，让他们形成自己的见解，才能真正掌握知识；其次，要根据学生情况因材施教，有的放矢，才能更好地激发学生互动兴趣；最后，教师要不断学习新技能，提高自身水平，更好地适应学生对课堂提出的新要求。

2. 营造和谐的课堂氛围

在语文课堂互动教学中，和谐宽松自由的氛围是必需的，只有这样学生才能放下一切紧张和防备的情绪，积极思考教师提出的问题，才能激发学生的思考，和谐的语文课堂氛围，有利于学生综合能力的提高。

（1）教师不断提升自身境界，多角度全方位考虑学生需要，设计贴近学生贴近课堂的教学方案，形成新型教学关系，同时经常与学生讨论，了解学生对课堂设计的感受，合理改进和修缮，真正形成学生参与其中的课堂氛围。

（2）教师积极鼓励学生发言，设计最适当的位置来处理学生交流时产生的问题和矛盾，同时及时指导学生用不同方式思考问题的能力，教师对学生积极肯定的评价十分重要，只有调动学生积极性才能更好促进课堂互动交流氛围。

3. 注重学生的认知差异

教师在语文课堂教学备案过程中，先要知道学生的学习状态，设计学生能理解或者通过引导可以理解回答的问题，同时要深入分析学生的兴趣点，根据实际情况设计问题和提问，这样让学生感受到有趣的课堂氛围，让学生自然而然地自主学习和思考。

（1）让学生挖掘自己的潜力。传统的语文课堂教学中，认为课堂提问就是挖掘学生潜力的途径，其实这一看法有待改进，在新课改的背景下，需要通过更多途径去激发学生潜能，可以留出时间，让学生自己分析问题，得到自己的看法；还可以增加学生交流环节，让学生在相互沟通过程中，发现自身看待问题的不足之处；还可以在与教师的探讨中，发现更多视角，拓宽自身视野。

（2）尊重学生答案，鼓励学生发言。面对不同学生的不同回答，传统课堂上的教师通常只以标准答案作为判断，并未真正去理解学生产生这种想法的原因，从而进行引导和判断，对于新课改要求的语文教学互动课堂，没有严格意义上的对错之分，教师应该尊重学生的答案，认可学生积极回答问题的行为，培养学生课堂回答问题的自信，这是课堂互动的基础。

（3）让学生感受乐趣，培养学生创造力。为了让学生更具有创造性，不仅需要知识的积累也需要参与各种教学实践活动；不仅需要课堂有效互动，还需要教师提供更多参与实践的机会，如经常去逛博物馆、文人故址等，让学生从更广阔的空间汲取创造力的素材。

（三）重创互动交流的情境

在语文课堂的互动教学中，有效的沟通需要从以下方面进行考量：首先，问题的设定应当清晰明了，尽可能简洁，以引导学生对问题的思考方向；其次，问题的设计应当紧密围绕教学目标，确保问题的设置具有一定的深度，以激发学生的思考，同时要确保问题的难度适中，能够让更多的学生参与其中；最后，重视设计开阔学生思维的问题，这些问题应当涵盖广泛的范畴，以促进学生思维的多样性和拓展。

第一，使学生降低交流恐惧。学生对其他人的评价特别敏感，特别是来自教师的评价，如果一次回答问题受到教师的否定或消极评价，就在他们心里留下阴影而不敢回答问题，即使学生自身克服恐惧，也会存在焦虑，对自己的问题和回答不够自信，从而影响语文课堂互动的效果。对于学生中存在的这个问题，教师应及时把握及时纠正，不管学生做出怎样回答，都能给予积极的评价和鼓励，减少他们在课堂上的恐慌。

第二，综合运用视觉听觉辅助。为了更好地激发学生兴趣，有效的语文课堂互动除了注重课堂回答和提问之外，也可以运用其他方式，例如，让学生观看电影，特别是学生感兴趣流行的电影片段，看完后教师设计问题并组织学生互动交流，使学生有直观的领悟；也可以给学生播放有教育意义和正能量的歌曲，让他们心态更加积极乐观，刺激学生的交流愿望。

第三，拓展学生想象力。在语文课堂互动教学中，教师除了建立有效互动激发学生积极回答问题外，还可以根据课文内容深入拓展，让学生养成自己创造故事，虚拟故事情节的能力。例如，根据课文内容，让学生自己设计对话，只有记忆转换成自己的语言，学生才能更深刻地领会课本含义，并且自己才能达到更好的认识水平。

（四）调控互动交流的过程

在语文课堂互动教学中，如何确保教学有条不紊地进行是个很重要的问题，它要求教师要从主角的位置变为导演。教师不再是全程讲授教学内容，也不是不说一个字，而是对重点难点的地方突出去讲，讲透彻讲精髓，对于一般内容，引导学生去思考去理解。教师可以静静聆听学生的想法，创造和谐的氛围，不要束缚学生的交流，激发学生乐于沟通积极活跃的思维，给予学生主动权，创造宽松民主的氛围。

第一，准确把握讨论时机。在语文课堂互动交流过程中，语言的沟通需要一定时间和氛围的烘托，如何把握这个时机需要教师认真思索。出现以下情况，需要教师进行更多引导：重点难点的知识点；学生自己提出的困惑问题；学生自身无法融入课堂氛围；课堂氛围比较无聊凝重；知识点既多又零碎等等。只有抓住交流过程中的关键点，才能更好地解决疑难问题，并且提高学生的综合素质。

第二，经常给学生一些惊喜。教师在语文课堂互动教学中，容易形成固定思维，例如提问的方式和内容，分析课文的思维方法，有些聪明的学生会很快发现教师的思维模式和提问习惯，脑海中会形成应对的方式，从而不能更好地思考教师提问的其他问题，这对提升学生的思考空间是不利的。为了更好地激发学生的创造性思维，教师需要多加注意自己的教学内容和模式，最大限度地调动学生参与课堂互动的兴趣，达到最好的互动效果。

第三，提供必要的讨论方法。在语文课堂互动教学中，要准确把握教师参与的程度和内容，通常分为以下情况：首先，教师给予相应的提示，让学生自己分组交流讨论；其次，如果交流不顺利，出现问题找不到协商结果的情况，教师可以继续引导学生积极思考，直到找到合理的解释方法；最后，如果学生对文章还是不能很好把握，教师可以参与其中促进交流顺畅，进行及时准确的语言概括。在语文课堂互动讨论过程中，尊重学生主体地位，激发学生参与互动积极性，增强学生思考能力。

第二节　语文课堂导学案教学模式

一、语文导学案的特点及其实施原则

（一）语文导学案的特征

1. 前置性特征

导学案教学模式则倡导以学定教，以案导学。导学案的设计与使用贯穿教师教学和学生学习的全过程。在使用导学案教学模式的语文课堂教学中，教师要在课前发放提前设计好的，用于引导学生在课前开展自主预习的导学案。教师会在预习案中明确制定导学目标、预习重难点、学法指导、预习检测、预习反思与小结等环节，用以引导学生在课前进行自主预习。预习案中的学习内容侧重于教材中最基础的知识点，无须教师进行分层设计。教师只需选取最基本的内容或是学生可以通过首轮自学完成的任务来构建自学体系，辅以学法指导。同时也要针对该部分内容设置匹配习题，通过习题的反馈对学生的预习效果进行评价。学生在拿到预习案后，要依据导学案中教师预设的导学流程开展自主预习，这是学生自主获取知识的过程。在首轮导学案（预习检测案）使用中，学生可以发现自己在初学中的疑惑和知识难点，并以此为起点开展后续更为全面、系统的学习活动。导学案的前置性也最大限度延长了学生的学习长度。

学生完成预习案后，教师要及时回收预习案并进行第一轮批阅检查。教师对学生的预习案进行批阅检查，目的是精准把握学生群体目前处于何种水平（知识水平、能力水平以及发展水平），哪些知识点掌握不牢或是某些有代表性的学生个体处于何种学习阶段，并以此来确定下一步教学的起点。教师可以根据学生的学情及时调整预设的导学案，制定个性化的辅导方案，从而有的放矢地保证学生学习的整体性和差异性。

2. 全程性特征

在语文课堂教学中，一份优秀的导学案应当不仅关注于课前预习和课堂导学，更应全程跟踪学生学习的各个环节，贯穿教学活动的全过程。课前的导学与导读，课堂上的导思与导议，以及课后的导练与导诊，都应作为引导学生自我调控、自我诊断、自我提高的学习过程的纽带，以确保学习活动的连贯性。课前预习案要为学生创建自学情境、呈现自学目标、渗透学习方法；课中互动案要为学生制定探究性问题、创建合作学习氛围、营造开放学习环境；课后诊断案要对学生进行问题训练、做好学习效果诊断和跟踪反馈。帮助学生梳理知识脉络，构建完整的知识体系。由于导学案在不同的学习阶段发挥不同作用，这便要求教师要全程对学生进行动态评价，及时调整导学思路与导学重点，时刻给予学生正确的学习提示和方法引导，切实帮助学生顺利完成不同阶段的学习任务。学生群体则可以按照导学案的问题指向进行阶段性自测，在发现问题的第一时间请教教师。

3. 诊断性特征

在语文课堂教学中，导学案教学模式虽倡导以生为本，但教师的主导作用仍不可忽视。因此，做好学生的学情诊断工作是实行导学案教学模式的必要环节，是教师发挥主导作用的重要表现。同样，诊断任务贯穿导学案教学模式的应用全过程。课前诊断要求教师作好学生自学效果的诊断，了解掌握学生的学情是教师“导”的前提和“导”的出发点。预习案要诊断出学生现有知识储备、能力发展水平和自学效果，并将其作为课堂导学的起点；课中互动案着眼于诊断学生的互动、探究与展示能力；课后诊断案要具有全局视野，对学生一个周期的学习表现进行诊断。不仅如此，导学案教学的诊断性要求教师切实关注学生的发展动态，了解掌握每个学生的学习进程和学习需要，真正做到以学定教，因材施教；要求教师了解个体的最近发展区，以学生原有的知识为基础确定好导学案设计的起点，站在学生的立场上设置诊断问题，确定好诊断问题的难度阶梯。且要生成动态的诊断分析，对于学生新暴露出来的问题进行重新梳理，分析哪些是普遍性问题，哪些是个别化问题，并分析问题产生的根源，做好归类整理，找出解决对策，为下一步的教学设计作铺垫。

4. 独特性特征

在语文课堂教学中，导学案是引导学生自主学习、自主发展的“脚手架”。其特有的性质表明其与教案和学案在教学活动中发挥着不同的作用。传统教案的编写立足于教师的“教”，关注点是教师的教学内容和教学方法；传统学案虽立足于学生的“学”，但关注点却是学生学的内容，并非对学生的学法指导。显然二者的关注点和指向性都十分单一，将教师与学生的角色完全割裂开来，这无疑是与当今教育教学观念相违背的。语文课堂导学案教学模式侧重于对学生的自学行为进行学法指导，关注的是“导”的内容和引导途径。这便同时兼顾了师生二者的角色，师生通过对现有的教学资源进行创造性的整合和再设计，对学习材料进行二次加工与整合，使导学案成为“私人定制”化的教学材料。这就奠定了导学案不同于其他教学载体的独特地位。

（二）语文导学案的实施原则

1. 主体性的实施原则

在语文课堂教学中，导学案设立的初衷深谙教育教学改革的宗旨。导学案通过“教中心”向“学中心”的转变，切实提升了学生在教学活动中的主体地位，在实际教育教学活动中赋予学生更多的主动权和发言权。就语文学科来讲，传统教学中因强调教师“教”与“讲”的过程而轻视了学生“学”与“思”的过程。这势必忽视了学生在教学活动中的存在，关注不到学生自主学习、合作探究的过程，与当今素质教育的人才培养目标是相违背的。语文课堂导学案教学模式倡导以学定教，以案导学。导学案模式下，学生的学习活动是自主的，教师通过问题的设计引导学生学会自学，在这个过程中，学生可以做学习的主人，可以自己选择解决问题的方法和思考过程。导学案教学模式主张把课堂还给学生，主张把教育教学活动打造为学生自我展示的平台。在这个平台中，学生是主演，唱主角，教师则是出现在舞台上的小角色或是隐于幕后的导演，切实将学生放到课堂的主体地位上来。

2. 参与性的实施原则

导学案模式下的语文课堂，改变了“教师讲，学生听”的传统教学模式。教师由传统的领导者变成了参与者，学生由被领导者变成了参与者。对于学生而言，导学案是为指导学生自学而开发的学习方案，那就奠定了学生在教学案教学模式中的主体地位。导学案的设计和实施都立足于学生的学习基础，这就意味着学生会从始至终参与到导学案教学中，扮演着重要角色。教师在充分分析学情的基础上，为学生创设情境，提供展示的平台。学生也由原来“不得不学”变成了“我要学”“我爱学”。

3. 探究性的实施原则

传统的语文课堂是教师一个人的舞台，学生只扮演机械记忆、跟从的角色。对于教师而言，编写导学案本身就是一项探究活动，它需要教师探究学生发展的现有水平、探究学生的最近发展区①、探究学法指导以便帮助学生从学会学习出发，有层次地安排学习内容。通过对学习目标的问题化、层次化对学生的学习情境进行创设。这一系列的工作无一不是在探究。对学生而言，课前按照导学案预设的模拟情景开展自学、对学，发现自身的不足和知识难点；课堂上，通过师生间、生生间的积极讨论丰富自己的知识链条。由此看来，导学案教学模式在一定程度上，改变了“教师讲，学生听”的传统教学模式，学生的合作探究能力得到了充分发展。

4. 合作性的实施原则

语文课堂教学本身就是师生的双边互动过程。不同于单一性质的独学自学，语文课堂导学案模式倡导合作学习，导学案教学模式倡导建立合作探究式的开放课堂有利于培养学生的合作意识和团队精神。导学案教学模式则充分运用合作探究教学法，将师生双方共同拉上教学的舞台。在以小组进行合作学习的时候，学生可以通过交流与合作，提升个人的学习效果。合作学习也能使学生之间相互共勉、互相爱护，先进生的积极上进激发后进生的好胜心，每个学生都能在合作学习的基础上享受学习，在活动中收获学习带来的喜悦。

---

① 维果斯基的“最近发展区理论”，认为学生的发展有两种水平：一种是学生的现有水平，指独立活动时所能达到的解决问题的水平；另一种是学生可能的发展水平，也就是通过教学所获得的潜力。两者之间的差异就是最近发展区。

5. 差异性的实施原则

每个学生都是一个独立的个体，那么知识水平、学习习惯和情感态度自然也会千差万别。同一个集体中的学生也会有差异性。在传统的语文教育教学过程中，有限的时间和精力使得教师只能满足大多数学生的需求，完成大纲制定的统一教学目标，而不能兼顾到每个学生。这样的教学模式，既不能满足先进生的学习需求，不利于先进生的拔高拓展，又不能兼顾到后进生的学习要求，不利于后进生的个性提升。长此以往，先进生的学习需求由于长时间得不到满足便会阻碍其发展速度，后进生由于长时间得不到关注便会自暴自弃，导致学习水平不断下降。

在语文课堂导学案教学模式中，教师要充分尊重学生的差异性；充分信任学生、激发其主体意识得到最大限度的发展；充分调动不同层次学生的积极性和创造性。教师要自觉站在学生的立场上整合教学资源、构建知识体系，分层设置问题，确定好问题的难度阶梯。从而让不同的学生个体都能按照导学案的不同指向进行阶段性自测，在发现问题的第一时间请教教师，把问题消灭在源头。且教师要对学生生成动态地诊断分析，对于学生新暴露出来的问题进行重新梳理。以便及时调整个体辅导方案，时刻给予不同个体正确的提示和方法引导，切实帮助学生完成不同阶段的学习任务。由此看来，导学案教学模式充分尊重了学生的主体差异性，让每一个层次学生的学习需求都能得到充分满足。

二、语文课堂教学中导学案的实施策略

（一）树立正确的语文教育观念

1. 及时更新语文教育教学观念

传统的语文教育教学观念中，教师是知识的传授者，在语文教学活动中拥有绝对的话语权，完全支配着学生的学习活动。不同于以往的传统教学方式，语文课堂导学案教学模式深谙教育教学改革的宗旨，符合当前的教育理念，在教学中切实提升了学生在教学活动中的主体地位，赋予学生更多的主动权和发言权。教师在语文课堂导学案教学模式下也要不断更新教育教学观念，把课堂还给学生，

给予学生充分的信任和尊重，为学生搭建科学合理的平台去展示自我，发挥学生的主体作用，改变学生处于被动学习的状态，甘愿潜藏在学生的背后为学生的发展把握方向。教师要积极参与集体培训，关注教育教学改革，自觉地更新教育教学理念。

2. 坚持从学生中来，到学生中去

现代教育教学理念越来越强调学生本位、以生为本。“从学生中来，到学生中去”就是体现学生中心。这便要求教师在设计导学案时，充分研究学生，具体分析学生的现阶段学习水平和最近发展区。导学案是指导学生自学的“脚手架”，“脚手架”梯度的适度距离，有助于学生一步一步向上攀登。在语文课堂教学中，教师要根据教材精准地分析学情，并根据学生学习能力的差异设定不同的学习目标、设计不同的知识层级，尽可能满足不同层次学生的学习需要。

3. 坚持面向全体学生，树立素质教育思想

在语文课堂教学中，既然学生是教育教学的主体，教师就应充分考虑并尊重主体的多样性，要尊重学生的主体差异，即使在同一个班级里，学生的学习发展也具有千差万别。教师在编写、实施导学案的过程中不能忽视学生的差异性，要根据实际的学生情况设计出适合学生层次的问题。力求让每个学生吃得饱。探究问题要设计得有梯度，根据不同层次的学生来设计问题，甚至可以用选做的方法充分调动起各个层次学生的主观能动性和积极性，切实将学生放到课堂的主体地位上来，切实保证每个学生有进步。

（二）融合与借鉴其他教学模式

1. 引入思维导图，提升导学案科学性

思维导图，即图形思维工具，以图文结合的方式呈现知识之间的关系和脉络，通过层级图展示。在语文课堂教学中，思维导图作为一种辅助记忆和拓展思维的工具，为以学为主的教学设计提供必要的支持。适当运用思维导图辅助导学案教学，可以弥补导学案缺乏直观性的不足，提升其科学性，充分发挥教学优势，提高语文教学效率。思维导图的原则之一就是多用思路图。通常以绘制知识

树、知识导图和逻辑图的方法对知识进行整体建构。通过层次分明的逻辑图清晰地展示教师的思路和知识的脉络，让学生摸清头脑。学生可以将自己的思维方法与教师作比较，找出差距，逐步培养自己的思维能力。在厘清逻辑、深入思考时更有效果。思维导图基本呈现为发散的网络状、严密的逻辑性和层级性适合展示“思想”与“方法”。

2. 引入锚图，突破导学案自身局限性

“锚”是一种用来稳定船体的停船工具，即用一条条铁链将船牢牢地锁在岸边。国外却将其应用进实际教学中。所谓锚图，就是将知识进行抽丝剥茧后所总结出来的提纲、方法、思路、策略的整理，通过“要点+图形”的方式将其形象化地呈现出来。用以帮助学生梳理思维，拼凑知识碎片，指导学生对知识进行迁移运用。锚图与思维导图都能用于梳理思路，将抽象的事物直观化。但相较于思维导图，锚图的形式更加多样，它不拘泥于思维的层次和逻辑的分支，能够把学生在学习过程中的所有想法、策略、思考过程全部变成可视的图画；它色彩鲜艳、图文并茂，易于理解和识记。

在语文课堂导学案教学模式中引入锚图的作用主要体现在两个方面：一方面，学生长于利用形象思维，并处于向抽象思维转变的关键时期。在学生还没有完成思维转变的时期，如果一味地利用导学案和思维导图的严密逻辑来辅助学习，反而会对学生的学习效果产生不良影响。而锚图的出现便可以弥补这个不足，通过形象化的事物让知识内容变得更加直观、简单和具体。另一方面，在语文课堂教学内容的设置上，文学类文本阅读量增大。不同于逻辑鲜明的说明文，文学类文本更侧重于培养学生的鉴赏能力。但由于其强调情感的培养，缺乏系统的思路体系，学生经常会学得“杂乱无章”，出现思路混乱，知识碎片化的情况。这时，便可利用锚图来记录学习过程中的细微感受。锚图积累得多了，那些细微的知识内容和情感体验便会像小船被船锚牢牢牵起了一样，将头脑中的知识碎片重新连接到一起。由此看来，适时地引入锚图，可以帮助导学案突破自身局限，对加深学生记忆和归纳总结更有效果，对学生的学习和思维发展产生积极的意义和作用。

（三）重视评价功能，统一评价尺度

不管是多么科学合理的教学模式，都离不开对于教学主体进行科学的评价。语文课堂导学案教学模式更应如此，通过建立合理高效的评价体系，建立统一的评价尺度来确保语文导学案教学模式在语文课堂中的有效使用，具体的方法策略如下。

1. 重视评价主体多元化

在传统语文课堂教学中，由于学生的主体地位没有被充分地发挥出来，致使所有的教学主动权都被教师牢牢掌握，造成了教师控制评价，学生接受评价的局面。不仅没有发挥学生在导学案教学模式中的主体作用，也使教师忽视对自身教学的评价，致使形成单一、不协调的评价方式。语文课堂导学案教学模式倡导以生为本，重视对学生的指导。因此，做好对学生情况的评价工作是实行导学案教学模式的必要环节。它不仅能够帮助学生了解自身不足，也能够帮助教师了解学生学情，及时调整导学案的走向。教师要制定科学合理的评价机制。但评价的对象是师生双方。对学生的学习情况进行多角度的评价，有利于了解学情和学生的最近发展区，以便及时调整导学思路，设计梯度问题，更好地帮助学生获得发展；对自身的教学工作进行评价，教师可以通过自评、同事评和学生评的方式对自己的教育教学行为进行评价。及时了解在教学中存在的问题，及时调整，以便充分发挥自身在教育教学活动中的主导作用。学生不仅要接受教师的评价，也要生成有效的自我评价和同学间互相之间的互评。只有自己才对自身现阶段的学习情况更为了解，所以学生要利用好导学案设置的自我反思或自我小结的模块，通过及时的自我评价改变现存的不良状况。同时也要注重开展生生间的互评。相比于教师而言，学生群体间的交流更平等、思维水平和方法更相近，情感发展更一致，因此生生间的评价同样会对学生的发展产生积极影响。

2. 重视评价对象多元化

传统的语文课堂评价模式仅关注学生的学业成绩。然而，在语文课堂导学案教学模式下，应逐步减少考试的单一评价，将评价融入整个教学过程中，并实行多元综合评价。课前评价应关注学生的自学效果，了解其自学情况，作为教师指

导的前提和出发点。课堂互动案着眼于评价学生的互动、探究和质疑精神，以及展示能力。而课后诊断案则对学生一个学习周期的表现进行评价。

3. 统一导学案评价尺度

在语文课堂教学中，评价尺度过宽或过紧都不利于科学的评价，这便要求教师要潜心研读课标、考试说明并以此作为评价参照体系，制定科学的评分标准与合理的评价尺度。同时也要注意质性评价与量性评价的统一。目前对导学案的评价不少教师存在着重量性评价而轻质性评价的行为。这便要求教师在关注导学案设计及学生使用的情况时，更应注意一些质性的评价指标。如学生对导学案使用的态度、个人贡献或对导学案的创新思考，只有将量化指标与质化指标有机结合，才能避免评价的片面化和绝对化带来的负面影响和消极影响，实现评价的过程性和结果性的统一。同时，教师还要以发展的眼光来对待评价的结果。评价不是为了甄别优劣，而是为了帮助教师更加全面地了解学生、发现学生存在的不足，找到努力的方向。因此，学校管理者和教师要检验导学案教学模式的实施效果，加强对教学全程的关注，切实提高导学案在学生学习活动中的实效性。

（四）构建及时有效的跟踪反馈机制

建立及时有效的跟踪反馈机制是实行语文课堂导学案教学模式的必要环节，是教师发挥主导作用的重要表现。同样，科学有效的跟踪反馈机制要贯穿导学案教学模式的始终。教师要时刻给予学生正确的自学提示和方法引导，切实帮助学生完成不同阶段的学习任务。预习案要求教师对学生自学成果进行跟踪反馈。要把对预习案的跟踪反馈作为课堂导学的起点。课中互动案着眼于对学生的互动、探究与展示能力进行跟踪反馈。不仅如此，教师要充分发挥主导作用，对学生的学习态度、情感发展进行实时跟踪；对于那些新暴露出来的问题进行重新整理，及时更新调整导学案的导学任务；要了解个体的最近发展区，发挥其对学生学习的积极作用。

第三节　语文课堂自主合作探究教学模式

一、语文课堂自主合作探究教学模式的理论支撑

语文课堂自主合作探究教学模式是一种以学生为中心的教学模式，旨在通过自主学习、合作学习和探究学习，促进学生的全面发展。该模式的核心在于学生在教师的引导下，积极参与学习过程，通过自我探究、团队合作和问题解决，逐步掌握知识和技能。这种教学模式不仅关注学生的知识获取，更注重培养学生的自主学习能力、合作意识和探究精神，致力于提升学生的综合素质和创新能力。

（一）语文课堂自主合作探究教学模式的特征

1. 自主性特征

在语文课堂自主合作探究教学模式中，自主性特征强调学生在学习过程中的主导地位。在这一模式下，学生不仅是知识的接受者，更是学习的主动参与者。培养学生的自主性需要教师为其提供自主学习的空间和机会，鼓励其制订个人学习计划、自主选择学习内容和方法、自我监控学习进程和效果。例如，在语文课堂上，教师可以通过引导学生制订阅读计划、选择阅读材料、设计学习目标等方式，培养其自主学习的能力。通过自主阅读和写作练习，学生可以在自主探索中逐步提高阅读理解和写作能力。此外，教师还可以通过设置开放性的学习任务，如课外阅读报告、课文创作等，鼓励学生独立思考、主动探究，从而提升其学习主动性和自主性。自主性的培养不仅需要学生自身的努力，也需要教师的支持和引导。教师应关注学生的个体差异，提供个性化的学习指导和帮助，帮助学生克服学习中的困难，逐步提高其自主学习的能力和信心。同时，教师还应通过多种方式激发学生的学习兴趣和动力，使其在自主学习中不断取得进步。

2. 合作性特征

在语文课堂自主合作探究教学模式中，合作性特征强调学生在学习过程中的

团队合作和互动交流。在这一模式下，学生通过小组合作、互相帮助、共同探讨，完成学习任务，提升学习效果。合作学习不仅有助于学生知识的掌握，更有助于培养其团队意识和合作能力。在语文课堂上，教师可以通过组织小组讨论、合作写作、角色扮演等活动，促进学生之间的合作与交流。例如，在学习经典文学作品时，教师可以将学生分成若干小组，每组负责一个特定的主题或任务，通过小组讨论和合作完成学习任务。在这一过程中，学生不仅可以通过交流分享各自的见解和经验，还可以通过合作解决学习中遇到的问题，从而提高学习效果。合作性的培养需要教师精心设计学习活动，合理分配学习任务，明确小组成员的角色和职责，确保每个学生都能积极参与合作学习。同时，教师还应注重培养学生的沟通技巧和团队合作精神，引导其学会倾听他人、尊重不同意见、有效表达自己的观点，使其在合作学习中不断提高合作能力和团队意识。

3. 探究性特征

在语文课堂自主合作探究教学模式中，探究性特征强调学生在学习过程中的问题提出和解决能力。在这一模式下，学生通过提出问题、探讨问题、解决问题，逐步掌握知识和技能，培养探究精神和创新思维。探究学习不仅关注知识的获取，更注重学生思维能力的培养和发展。在语文课堂上，教师可以通过创设问题情境、设置探究任务、引导学生进行自主探究等方式，培养其探究能力。探究性的培养需要教师引导学生树立探究意识，激发其探究兴趣和欲望。教师应通过设置有挑战性的问题和任务，引导学生进行自主探究和问题解决，提供必要的资源和支持，帮助学生在探究中不断取得进步。同时，教师还应鼓励学生在探究过程中大胆提出假设，进行实验和验证，培养其科学探究精神和创新思维。

（二）自主合作探究教学模式在语文课堂中的适用性

1. 培养学生的综合素质

自主合作探究教学模式不仅关注学生的语文知识和技能，更注重其综合素质的培养。在这一模式下，学生通过自主学习、合作学习和探究学习，不断提高其自主学习能力、合作意识和探究精神，培养其创新思维和实践能力。这些综合素质的培养，对于学生未来的学习和发展具有重要意义。例如，在自主学习中，学生可以通过制订个人学习计划、自主选择学习内容和方法，逐步提高其时间管理和自我管理能力；在合作学习中，学生可以通过团队合作和互动交流，提高其沟通技巧和团队合作精神；在探究学习中，学生可以通过提出问题、进行探讨和解决问题，培养其探究精神和创新思维。

2. 促进学生的全面发展

自主合作探究教学模式在语文课堂中的实施，有助于促进学生的全面发展。在这一模式下，学生不仅可以提高其语文知识和技能，还可以通过自主学习、合作学习和探究学习，培养其综合素质和能力，促进其全面发展。这一教学模式不仅适应了现代教育的发展趋势，也为学生的全面发展提供了坚实的基础。在实施自主合作探究教学模式时，教师应注重学生的个体差异，提供个性化的学习指导和帮助，确保每个学生都能在学习中不断取得进步。同时，教师还应通过多种方式激发学生的学习兴趣和动力，使其在自主学习、合作学习和探究学习中不断提高语文素养和综合素质，促进其全面发展。

3. 提高语文教学的效果

自主合作探究教学模式在语文课堂中的实施，有助于提高教学效果。在这一模式下，学生通过自主学习、合作学习和探究学习，可以更加深入理解课文内容，提高其阅读理解和写作能力。教师通过引导学生进行自主学习、合作学习和探究学习，可以更好地满足学生的个性化学习需求，提高教学效果。例如，通过自主学习，学生可以根据自己的学习进度和兴趣选择学习内容和方法，提高其学习效率和效果；通过合作学习，学生可以通过与同伴的交流和合作，共同探讨课文内容和写作技巧，提高其学习效果；通过探究学习，学生可以在问题提出和解决的过程中，深入理解课文内容，提高其分析问题和解决问题的能力。

二、语文课堂自主合作探究教学模式的实施策略

语文课堂自主合作探究教学模式强调学生在教师指导下，通过自主学习、合作学习和探究学习，实现知识的内化和技能的提升。在语文课堂教学中，实施这一教学模式不仅能够提高学生的语文素养，还能够促进其综合能力的发展。

（一）自主性学习培养

第一，激发学生的学习兴趣与主动性。自主性学习的培养需要激发学生的语文学习兴趣和主动性。语文作为一门涵盖广泛的人文学科，具有丰富的内容和多样的形式，教师可以通过多种途径引导学生产生学习兴趣。例如，可以利用现代技术手段，通过视频、音频等多媒体资源展示文学作品的魅力，使学生对课文产生浓厚兴趣。此外，教师还可以结合学生的兴趣爱好，选择贴近生活、富有趣味性的课外读物，激发学生的阅读欲望和求知欲。

第二，引导学生制订个性化的学习计划。在自主性学习的过程中，制订个性化的学习计划是关键。教师应鼓励学生根据自己的语文学习情况和兴趣爱好，制订具体、可行的学习目标和计划。对于学生而言，可以在教师的指导下，逐步学会如何分配学习时间、选择学习内容和评估学习效果。例如，教师可以引导学生在学期初制订阅读计划，明确每周需要完成的阅读量和思考问题，定期进行总结和反思，不断调整和完善自己的学习计划。

第三，鼓励学生独立思考与自我反思。独立思考和自我反思是自主性学习的重要组成部分。在语文课堂教学中，教师应鼓励学生对课文内容进行深入思考，提出自己的见解和疑问。例如，在阅读经典文学作品时，教师可以引导学生分析人物形象、探讨主题思想，鼓励学生发表自己的看法。此外，教师还应重视学生的自我反思，帮助学生养成定期反思学习过程和效果的习惯。通过反思，学生可以发现自己的优势和不足，调整学习策略，提高学习效率。

（二）合作学习的组织

第一，划分学习小组，明确成员角色与任务。在合作学习中，合理划分学习小组并明确成员的角色与任务，是保证学习活动顺利开展的前提。教师应根据学生的个性特点和学习能力，将学生分成若干异质性小组，每个小组中包括不同层次的学生，以便互相帮助、共同进步。在小组内，教师可以设定不同的角色，如组长、记录员、发言人等，明确每个角色的职责，使每个成员都能参与到学习活动中，发挥自己的特长。例如，在进行课文讨论时，组长负责组织讨论，记录员记录讨论要点，发言人代表小组汇报讨论结果。

第二，设计合作学习活动，如小组讨论、角色扮演等。在语文课堂教学中，有效的合作学习活动设计是提高学生合作学习质量的关键。教师可以结合课文内容和教学目标，设计多样化的合作学习活动，如小组讨论、角色扮演、案例分析等。例如，在学习《鲁滨孙漂流记》时，教师可以组织小组讨论，探讨鲁滨孙在孤岛上的生存策略和心路历程，提高学生的思辨能力和合作能力。

第三，培养学生的团队合作与沟通能力。团队合作与沟通能力是合作学习的重要素质。在语文课堂教学中，教师在组织合作学习活动时，应注重培养学生的团队合作精神和沟通技巧。例如，教师可以在小组活动中设立合作目标，鼓励学生通过讨论、分工合作来完成任务，培养学生的团队意识。此外，教师还应指导学生如何有效沟通，包括倾听他人意见、表达自己的观点、尊重不同意见等，使学生在合作中学会互相理解、互相支持，提高合作效率。

（三）探究学习的引导

第一，创设问题情境，激发学生的探究欲望。在语文课堂教学中，探究学习的核心在于引导学生通过提出问题、探讨问题、解决问题，获得知识和能力。因此，教师应创设问题情境，激发学生的探究欲望。在语文课堂教学中，教师可以结合课文内容设置悬念，提出有挑战性的问题，引导学生带着问题去阅读和思考。例如，在学习《孔乙己》时，教师可以提出“为什么孔乙己会有如此悲惨的结局?”的问题，引导学生通过阅读文本和查阅资料，探讨孔乙己的性格特点和社会背景，培养学生的探究能力和批判思维。

第二，提供学习资源与指导，支持学生自主探究。在探究学习中，教师不仅要提供丰富的学习资源，还要给予必要的指导和支持。教师可以推荐适合学生阅读的参考书目、学术论文、网络资源等，帮助学生获取更多的知识和信息。此外，教师还应在学生遇到困难时给予适当的指导，例如，帮助学生厘清探究思路、提供有效的探究方法等，使学生在探究过程中不断取得进步。例如，在进行《史记》选读时，教师可以推荐相关的历史资料和研究成果，帮助学生更好地理解司马迁的写作背景和意图。

第三，鼓励学生提出假设、进行实验与验证。提出假设、进行实验与验证是探究学习的重要环节。教师应鼓励学生在探究过程中大胆提出假设，通过实验和验证来检验假设的正确性。在语文课堂教学中，这一过程可以通过辩论、写作实验等方式来实现。例如，在探讨《水浒传》人物时，教师可以引导学生提出不同人物的性格假设，并通过文本分析和讨论来验证这些假设的合理性；在学习作文时，教师可以鼓励学生进行写作实验，通过修改和完善不断验证自己的写作技巧和思路。

第四节　语文“悦动课堂”教学模式

一、语文“悦动课堂”教学模式的理念

“悦动课堂”即“愉悦课堂感知，行动实践相结合，加之灵动的学习体验，让传统意义上的语文展现出教材感性细腻的一面，理性逻辑的一面”①。语文“悦动课堂”教学模式是针对部分学生语文学习积极性不高、学习效率低等问题而提出的，它的主要目的是通过一系列教学活动让学生在语文课堂上充分“悦动”起来，在“愉悦”的学习氛围中主动探索、研究、获取知识。语文是一门感性学科，学生学习情绪的调动将更有利于语文的学习，而学生好奇心强、思维活跃。因此，“悦动课堂”教学模式的提出适合语文课堂教学。

（一）充分发挥情绪的引导作用

在语文“悦动课堂”教学模式中，“悦动”的核心在于充分发挥情绪的引导作用，即通过情绪的发挥推动兴趣的形成，再通过兴趣激发学生学习的动力，从而真正激发学生自主学习的能力。教师在授课过程中可以开展一些适合学生年龄特征和身心发展规律的教学活动，让学生在“愉悦”活动中积累语文知识，体验

① 赵逸楠．让语文课堂悦动起来［J］．语文课内外，2020（32）：80．

语文情感。“悦动”模式强调组织一些游戏活动，通过实施这些游戏活动，学生在相互提问、相互竞争、相互探索的活跃气氛中掌握、学会语文知识。

（二）创设真实情境，打造悦动课堂

在传统的语文课堂中，学生只是知识的接受者，所谓语文的学习只是知识的传授，学生学到的也是静态的语文知识，这种接受性的语文学习使课堂变得呆板、无趣，学生缺乏真实的感受和切身体验，对语文知识的掌握并不全面，限制了学生语文能力的提升与发展。而“悦动课堂”主张语文教师要利用各种活动形式组织活动，让学生在真实的课堂语境中得到发展。教师按照学生的身心发展规律设置语境，可以使语文的学习更加真实，学生更容易理解、接受所学的知识。学生的学习就由被动的“静态学习”变成主动的“动态学习”。教师为学生营造的语境要在学生可理解的范围之内，超出学生的理解的语境并不是真实的语境。在语文课堂教学中，教师必须适时地将社会文化因素和语境因素等介入语文课堂教学，提高语文教学的效率。语文“悦动课堂”教学模式从学生已有的经验出发，重视学生的真实体验，设计适合学生发展的真实语境。

（三）注重“悦”与“动”的相互助长

语文“悦动课堂”中的“悦”指的是愉悦、高兴，是一种积极主动的状态。在课堂教学中主要以教师个性化的引导、自主学习探究以及交流合作的学习方式来展现，创设具有学科特点的趣味化活动、营造有学科特点又活跃的课堂氛围，让学习变得轻松愉悦；“动”代表学生要“生动”“主动”，是一种活动方式，学生要做的“眼动”“耳动”“口动”“手动”“脑动”。因此，教师在设置“悦动”活动时不应该割裂“悦”和“动”之间的关系，而是应该一脉相承，使得“悦”和“动”互为助力，共同促进学生语文的能力的提高和发展。

第一，悦动的课堂。提升学生参与度是衡量课堂成功的重要标志，然而，单纯的参与度并不足以确保语文课的成功。为确保整堂课程的成功，应促使所有学生积极主动地参与课堂实践，从而使他们成为课堂的主体。课堂作为语文教学的主要场所，其根本目标在于提高学生的学习效率，而学习效率的提高关键在于激

发学生的学习兴趣。在“悦动课堂”模式下，为吸引学生的学习注意力，应确保整个课堂充满活力，教师应精心设计各种各样的活动，以使语文课堂更为积极、活跃和生动。

第二，灵动的教师。教师的灵动性与学生的学习状态有着至关重要的作用，一个面无表情的教师和一个自信灵动的教师带给学生的感觉是不一样的，在两者的对比之下，学生面对自信灵动型教师积极性更好，因为人的情感是具有传染性的。教师不仅在情感上需要充满灵动性，在处理课堂问题时也要灵动起来，我们的课堂不是一成不变的，教师要具有教育机智，及时灵活地处理课堂产生的各种“意外”，教师的灵动智慧是“悦动课堂”的源头。教师在课堂中总会遇到各种各样出乎意料的事情，具有教学机智的教师便会化险为夷，甚至让整堂课更加有意思。

第三，悦动的学生。学生在身心愉悦的情况下接受的教育将会更深刻、更主动。因此，教师应该尽最大努力调动学生们愉悦地主动学习、自主学习，学生内心真正接受的学习，必然比接受教育模式效果更加显著。

综上所述，让学生“悦动”起来是优化课堂教学的必由之路，也是实现探究学习、问题解决学习、合作学习、体验学习和有意义地接受学习等多种学习方式的基础教育，要改变学生，就必须要学生“悦动”起来，在“悦动”中成长和发展。

二、语文“悦动课堂”教学模式的特色

语文“悦动课堂”教学模式具有独特的建构方式、教学形式和评价方式，学生在这种独特的学习氛围中兴趣浓厚，学习积极性高。

（一）独特的“悦动课堂”建构方式

1. 注重课堂情境创设

语文“悦动课堂”教学模式注重对课堂情境的创设，所谓情境创设是将学生的兴趣、需要和情感渗入到语文课堂教学，通过学生和课堂的融合，拉近知识与学生的关系，在新旧知识的连接中，不断激发学生的思维，学生在切身参与活动

当中，能够“发现问题—思考探究问题—解决问题—提出新问题”。以朱自清的《背影》为例，教师可以采用情景教学的方法，将课文分为“怀念父亲，惦记背影”“望父买橘，刻画背影”“父子分手，惜别背影”“别后思念，再现背影”四个场景，教师让学生当“小导演”，自由选择自己想拍摄的场景，并要说明选择这个场景的原因、这个场景塑造了怎样的父亲形象以及如何塑造的。学生通过不同场景的对比分析，能够自主学习到语文表达的技巧和写作方法，深切感受到文章背后蕴含的人物情感，学生再充分发挥想象力补充四个场景，在实践中又进一步加深了对文章表达技巧以及写作方法的理解。

2. 注重逆向教学设计

教师在语文课堂教学时要注重教学的逆向设计，让学生成为课堂的主人，教师从原先思考自己要使用哪些材料、设计怎样的教学活动，转变为让学生思考这些。这种逆向思维要求教师改变原先的教学设计，率先考虑学生的学情和接受能力。以文言文《曹刿论战》为例，文言文的学习一直都是学生难学的内容，他们普遍认为文言文晦涩难理解，而传统教学模式中教师也常常按照作者简介、背景介绍、文言文字词句逐字翻译、内容解析、背诵默写等一系列套路来进行，因此学生对于文言文学习深感枯燥无味，教师为提高学生兴趣，可以采用配乐朗读的方式，让学生领略文言文的韵律美，激发他们的兴趣，再针对学生不理解文章内容，教师设计趣味活动。“悦动课堂”教学模式真正做到将课堂还给学生，让学生成为课堂的“主人”。

3. 注重拓展学生思维

语文“悦动课堂”教学模式在设计课堂教学时注重拓展学生思维，采用“启思、互动、拓智”三个环节层层递进，“启思悦纳”是引导学生要进行课前预习，建构适合自己的学习框架，并提出不懂问题；“互动悦享”通过生生合作交流、师生互动、生生互动，让教学在合作交流中同频共振，让课堂“活跃”起来；“拓智悦心”以学生的学习效果为导向，让学生在生活中学会迁移与应用语文知识，提升思维品质。情绪和情感在大脑中起着至关重要的作用，大脑本能偏好快乐的记忆，学生产生疑问有助于思维呈开放状态，讨论和争辩会让学生产生学习的念头，解决问题会让大脑产生新的树突连接。讨论、情景再现、想象、动手操作等方式，能够让学生留下深刻而长久的印象，真正实现高效学习。

（二）独特的“悦动课堂”教学活动

1. 即兴表达活动

在语文“悦动课堂”教学中，即兴表达活动的实施过程可以比较灵活，它并不会受到教学任务以及场所的限制，它可以随时随地的开展，让学生能够在现实生活的情景中进行“即兴表达”。这种形式的实质内核在于充分激发学生的表达欲，帮助学生建立积极回答问题的信心，鼓励学生勇敢地表达自己、主动发言。为了激励学生勇敢地发言，教师根据学生的能力水平和生活实际提出不同的问题，从课堂到校外、从学习到生活、从现实到想象，话题各种各样、包罗万象。教师还应该认真倾听学生回答的问题，并对学生的答案给予及时的反馈和指导。在“悦动”练习刚开始的时候，只要是学生愿意主动回答问题，我们可以给他鼓励的眼神、激励的语言、肯定的微笑，鼓励他大胆说下去。教师在学生“即兴表达”以后，通过对学生的答案进行评价或者对学生所回答的内容进行指导提升，这都属于教师和学生之间思维碰撞的结果，在这一过程中不仅学生学习到知识，教师也会提高自身的素质，促进了教学相长。

2. 头脑风暴活动

在语文“悦动课堂”教学中，“头脑风暴”鼓励学生可以从不同角度、不同方面，大胆地展开想象。让思维尽情发散，尽可能大范围地、与众不同地进行设想，充分发挥学生的想象力、深入挖掘学生的创新精神。“头脑风暴”在开始时就让学生找出主题，然后再围绕主题开展小组讨论，让所有学生都能参加该主题有关的讨论活动，迸发出思维的火花。学生在思维激发的过程中，从简单的语句表达到大幅度的语言表达拓展再到脱离语篇的自由诉说，构成了一系列有梯度的、连续性言语表达过程：任务—激活—交流—再现—重建—创造，它还可以帮助学生组织他们头脑中的语言，帮助学生有条理、有逻辑地回答问题。

3. 晨诵暮省活动

语文“悦动课堂”教学模式为激发学生学习积极性，及时巩固反省知识，在实践中开展“晨诵暮省”的活动，早晨旭日东升时朗读小诗歌、小短文，夜幕即将降临时反省自问。一般而言，“晨诵”环节安排在早上早读时间或语文课上课之前，“暮省”环节安排在放学前的机动时间，在诵读前安排领读学生，给每个学生公平领读的机会，领读的学生可以根据自己的喜好以及其他同学的喜好自由选择朗读内容，学生通过诵读短篇小诗歌、小故事，激发学生学习积极性，积累语文基础知识。

4. 绘制思维导图活动

语文“悦动课堂”教学模式提倡在核心理念的引领下，构建导学感知图、合作精细图、深入凝练图，三图为学生绘制“疑—思一行”的思维途径，导学感知图的重点在于敢于质疑，学生在上课前按照教师的导学任务完成导学感知图，这就要求教师在设计活动时课前要有问题导入、课中要有问题互动、课尾要有新的问题产生；合作精细图是学生在课堂上通过小组合作的形式将导学感知图补充完善，这个过程要让所有学生都真正参与进来，尤其是学习弱势学生，更要加强关注，让每个学生都能获取知识；深入凝练图是教师通过落实学生知识的掌握情况，再次带领学生将知识进行深入总结、凝练归纳，让学生获得更深入的发展。

5. 课堂展示大舞台活动

在语文“悦动课堂”教学中，课堂展示大舞台是教师为学生设计的一个展示自我的活动，学生可以在这个“大舞台”上充分地展示自我，在这个大舞台上学生可以用演绎的方式、诵读的方式、生动诉说的方式来展示自己对课文的理解，在这个大舞台上学生是“演员”，教师转换成“观众”，教师观看完学生的展示后可以充分提出自己的建议和改进策略，学生在展示的过程中也会对课文有更深入的理解和思考。

（三）独特的“悦动课堂”评价方式

语文“悦动课堂”教学模式创新观测量表，为让学生充分地“悦动”起来，学校建立起评价主体多元化、评价内容全面化、评价时间及时化、评价方式多样化的多元评价方式。学生层面包括“双维四项”评价，“双维”即教师评价和学生评价两个维度，例如，学生在课堂回答完问题以后，教师会顺势问其他学生

“对于这个同学的答案，你是否赞同?”，学生会根据自己的理解回答“我赞成某某同学的回答，但是我还需要补充……或者我不赞同某某同学的答案，我认为……”，学生结束评价以后，教师再根据不同学生的回答给予不同的答案和支持。四项包括“学生品德评价”“学业水平测试评价”“学生档案评价”“评语评价”四个评价方式。传统教学模式对学生的评价大多依据学生的学业水平测试，认为学生成绩好的学生便是所谓的“好学生”，学生成绩不理想的学生便是所谓的“贫困生”，而“悦动课堂”教学模式在评价每个学生时，不再单纯以学习成绩区分学生，还要着重思考学生的道德品质、学生以往的行为习惯、同学和教师的评价综合考量。

三、语文“悦动课堂”教学模式的实施

（一）增强对语文教学模式的认识

1. 不断更新语文教学观念

语文“悦动课堂”教学模式旨在通过一些系列教学活动打造一个自主、高效、充满活力的新式课堂，对于用一个全新教育思想、教育理念打造出来的一个新式课堂教学模式，教师的教学观念如果不及时更新，在教学实践中就很难适应新的教学模式。因此，教师要不断更新教学观念，努力完善教师自我，尽快学习和适应新的教学模式。在传统教学模式中，教师是教学主体，有些适用传统教学模式的教师不愿采用这种新的教学模式进行教学，一方面因为新的教学模式会花费他们大量的时间去接受去适应去摸索，用惯了传统模式的教师观念上会有抵触心理；另一方面许多教师尤其是年老的教师害怕接受新的事物，传统教育的观念已经深入人心。所以，转变教师的观念是推行语文“悦动课堂”教学模式的关键一步。首先，教师要从旧的教育思想和观念脱离出来，及时改变传统的教育理念，在教学活动中要坚持树立“终身学习”的思想，不断汲取新的教学理念和新的教学模式，跟上时代的节拍；其次，教师要转变教学观念和教学活动形式，不断学习教育学、学生心理学和管理学等方面的知识，不断完善自我、提高自己的能力水平并探索符合学生学情、班情的语文课堂教学方法。

2. 深入理解语文教学理论

在语文“悦动课堂”教学中，首先，教师要通过杂志、新闻、网络查阅“悦动课堂”的相关资料，深入理解“悦动课堂”的内涵和原则，充分学习“悦动课堂”的核心概念和教学特色，让自己对“悦动课堂”教学模式有正确的认识；其次，教师教学实际经验的积累和成长来源于课堂，教师要想真正地深入理解“悦动课堂”教学理论、提高自身的教育教学能力，就要主动去听“悦动”经验丰富的教师的课、观看优秀语文教师课堂案例、认真设计教学活动，邀请其他教师来观摩自己的常规课，不断打磨自己的课堂；参与一月一次的评课、议课活动，参加市组织的语文优质课大赛等活动，不断研究“悦动课堂”在提高学生学习兴趣方面的作用，并探究如何让“悦动课堂”教学模式走入寻常课堂，成为教师授课的常态教学模式。

3. 深入探究语文教学形式

教师在解读“悦动课堂”的内涵、了解其真谛时，要深入探究其教学形式，建立理性的认识。由于影响语文教学的各种因素常常是千变万化的，语文教师不应该也不可能用一种固定不变的教学形式去应对各种不同的突发状况。对于语文教师而言，课堂是随机生成的，不是一成不变的，不能简单照搬别人的教学方法。因此，教师应该按照学生的学情和学生的认知发展规律选择适合的教学方法，并且还应该根据实际情况创新出新的教学方法，甚至对已经固定化的“悦动”方法进行加工改造，打造出适合自己的教学风格。即使是同一个语文教师，针对不同的学生，不同的教学内容，也应该不断更新自己的教学活动形式。教师还要理性分析自己的教学状态，充分汲取“悦动课堂”中最有优势的地方来弥补自己的不足，并发扬自己多年的教学实际经验，积极探索、不断尝试将“悦动课堂”与自己的教学风格结合起来，形成具有自己独特风格的语文“悦动课堂”模式。

（二）合理设计语文课堂教学活动

1. 恰当预设情境，引领课堂精彩生成

在语文“悦动课堂”教学中，教师在备课时要充分把握预设与生成的内外联系，“预设”指的是教师要根据语文课程标准、本节课的教学目标以及重难点、学生学情有目的、有计划地设计各种语文教学活动，所谓“生成”指的是教师在教学中根据学生在课堂上的实际情况而临时调整教学活动，以引导学生生动、活泼、主动地进行新知识的探索和研究。因此，教师要充分备好课，充分熟悉教学文本，在没有任何参考资料的情况下，形成自己对文本独特的理解，教师只有在充分掌握教学文本和内容的情况下，才能为课堂上的随机生成、引导学生走入文本深处和形成独特的个性化理解提供可能。此外，教师要发挥主导作用，保证语文课堂教学生成性问题的方向和有效性，教师应该在关键时刻起到引导、提示、点拨、完善的作用，这样才能保证语文课堂教学沿着既定的方向发展，当学生话题扯远时要及时地拉回来；当学生的话题偏离时，要矫正回来；当学生的话题缺乏深度时要引导深入下去。

2. 正确归因，激发学生的语文学习动机

在语文“悦动课堂”教学中，部分学生活动参与度低是因为他们学习动机没有得到真正激发，根据认知—结构学习理论中的相关理论，所有学生都“受求知需求所驱动”，内部动机是维持学习的基本动力，教师要善于调节学生的学习动机，运用各种手段激发他们主动学习的内在动机，通过学生的自主学习达到既定的教学目标。因此，语文教师要积极改变教学观念，在教学过程中根据学生的兴趣创设问题，通过启发诱导，有效地激发并促进学生努力的学习动机。在平时的教育教学中要注意改变学生的不正确归因，让学生做“努力归因”时又联系现实，做“现实归因”时又强调努力，无论学习活动顺利与否都归因于努力会提高学生学习的积极性。当学生学习遇到困难的时候，一般不会因一时的失败而降低将来取得成功的期望；针对一些现实问题，提高学生克服困难的能力，增强自信心，在正确归因的指引下学生能够保持意志，坚持能动地学习。

3. 充分考虑学生的年龄特征与思维水平

在语文“悦动课堂”教学模式中，教师要尽可能创造一系列让学生获得真实感受的活动。学生思维活跃，具有充分的发散性和活跃性，学生在观察落叶时，不同的学生有不同的见解，有的学生注重落叶的颜色、有的学生注重落叶的形状、有的学生注重落叶的脉络、有的学生喜欢对落叶进行思考、有的学生喜欢对落叶进行幻想和想象……因此，教师在语文课堂教学中要充分考虑学生能力的不同，针对不同答案进行多样化的评价，不能搞“一刀切”，降低学生学习的积极性。鉴于学生的思维能力和理解能力是逐步上升的，学生学习能力的提高也应该是循序渐进的。因此，学生在刚开始回答问题时教师的要求是“说清楚”，随着学生能力的发展，教师的要求要提高到“说得有条理、逻辑清晰”，当然教师也要根据学生的能力进行分层，做到因材施教。

4. 采用多种教学方式鼓励学生主动参与活动

尽管大部分学生喜欢主动回答问题，但不是所有学生都喜欢在课堂上展示自我，有的学生在家人、朋友面前非常活跃，但是在课堂上却非常沉默，从来不主动参与活动也不回答问题；有的学生担心答案不准确，对自己没有信心；有的学生觉得自己“无话可说”，这样的学习氛围不利于学生语文课堂学习的发展和提高。

（1）创设轻松的学习环境。教师在语文“悦动课堂”教学活动中，要给每个学生公平回答问题的机会，尤其是班里那些性格内向的同学，教师可以给他们一个肯定的微笑、一些激励的话语、一个鼓励的眼神，教师也可以开展一些激发学生学习兴趣的活动。

（2）激发表达兴趣，推动表达发展。在语文“悦动课堂”教学模式中，教师不仅要激发学生的表达兴趣，还要推动学生表达的发展，教师在课堂上要改变自己“主讲人”的形象，让学生自主参与活动。

（3）指导学生思维，厘清表达思路。语文课的主要任务是训练思维、训练语言，思维能力和语文能力为儿童打下基础极为重要。学生思维能力的发展能够让学生在回答问题时更加清晰、更加有逻辑。“悦动课堂”教学模式为了培养学生思维能力的发展，主张采用绘制“思维导图”，学生按照思维导图的提示能够让文章的结构和脉络更加清晰。

（三）建立完善语文课堂评价体系

1. 关注学生差异，设计不同评价标准

在语文“悦动课堂”教学模式中，教师要充分考虑教学目标、学生的学情和年龄特征，选用最适合他们的方式进行语文教学。因学生水平的不同，学生的理解能力、自制能力、抗挫折能力也不同，教师的评价语言应突出激励性、目标性、准确性，在评价的过程中要注意评价要有导向性，要实事求是、适可而止。因此，有效的语文课堂教学评价要求教师评价时不仅是简单地评判对错，而应注重具体引导，更多地从内容、方法等方面进行点拨和启发。教师要按照学生能力的差异设计不同的评价标准或活动，例如，在即兴表达环节分为三个评价标准：能够有条理、有逻辑、生动有趣讲述故事的同学得 3 颗星；能够清晰、流利、生动讲述故事的同学得 2 颗星；能够清晰、完整地表达故事的同学得 1 颗星，认为自己达到既定目标的同学给自己奖励一个三角形，对学生而言，得几颗星不是最终目标，能够达成自己的既定目标就是一种进步。

2. 加强团队协作，形成语文教育合力

教师在设计语文课堂教学时，可以增加过程性评价，针对学生不理解的地方重点讲解。在评价方式上可以采取小组内互评的方式，让学生在小组交流评价中发现自身存在的问题，并主动改进。学校可以以年级为单位分成不同的小组，每个小组由组长和秘书组成，组长由语文教学经验丰富的老教师担任，主要负责带领其他老教师研读教材、设计“悦动”教案，课后反馈和反思；秘书由年轻的教师担任，主要带领其他年轻教师设计新颖的“悦动”教学活动，负责技术性的工作，大家集体备课，共用同一个教案而在课堂上又可以根据实际情况运用自己的教学机智灵活各种不同的情况，在团队协作下，每个教师既能减轻自己的工作量又能高质量地完成“悦动”模式的备课。

3. 注重评价主体多元，促进共同发展

在语文课堂中实施“悦动课堂”教学模式，学生扮演着课堂的核心角色，作为积极的参与者和互动者。因此，该教学模式注重构建开放、宽松、多元的评价体系，鼓励学生采用自我评价、同学互评、教师评价以及家长评价，以实现评价主体的多元化。教师应协助学生在自我评价、互评、教师评价和家长评价的过程中进行反思，从而更好地认识自我，促进自主学习和发展。

（1）学生中的自评互评是评价的基础，例如，教师在上语文课时会让学生互问互答，一名学生提问题，另一名同学回答问题，其他同学进行补充、评价，回答得准确就赞成表扬，不完善就进行补充改正，同时回答问题的同学也可以对提问题的同学进行提问和评价，这样激发了学生极大的热情；学生在听完其他同学对自己评价以后，根据自己的表现进行及时反思，不同水平的学生对自己的要求有所不同，自评往往具有真实有效的特点。

（2）教师评价具有激励性作用，对学生而言，教师的一句表扬或批评能够让他们记忆非常深刻，教师的一句话往往会影响学生很长一段时间，教师在课堂教学中要多使用鼓励性语言，发挥评价的激励作用。除此之外，教师还可以采用“流动日记”的方式，邀请家长也参与评价，评价主体的转变，学生的学习兴趣也能得到提高，不同职业家长对学生们的日记有着不同角度的看法，学生思考的角度也能拓宽。

参考文献

[1] 陈西春. 初中语文教学与高效课堂策略探索［M］. 长春：吉林人民出版社，2021.

[2] 黄世举. 新课标背景下的语文单元教学设计理念及实践策略［J］. 教育理论与实践，2023，43（20）：45-49.

[3] 黄伟. 追求阅读教学内容结构化，促成语文核心素养进阶发展［J］. 中学语文教学，2022（8）：4-9.

[4] 贾阳，徐鹏. 语文学习任务群视域下的单篇教学与单元教学［J］. 中学语文教学，2022（11）：4-9.

[5] 金星，李如密. 智慧学习空间背景下的语文项目教学范式：内涵阐释与构建方式［J］. 课程. 教材. 教法，2022，42（12）：110-116.

[6] 金叶. 语文基础知识教学的情境融入与自主建构［J］. 中学语文教学参考，2022（36）：13.

[7] 李卫东. 大概念：重构语文教学内容的支点［J］. 课程. 教材. 教法，2022，42（7）：96-101，109.

[8] 李永华. 关于语文复习课的几点思考［J］. 百科论坛电子杂志，2020（2）：510.

[9] 李煜晖. 语文核心素养对建构教学内容的启示［J］. 中学语文教学，2023（9）：4-12.

[10] 刘娟，刘飞. 学科大概念下语文单元教学目标的设计理念及其实现［J］. 教学与管理，2023（13）：29-33.

[11] 刘露. 慕课应用下的语文自主学习实践研究［J］. 作家天地，2022（11）：127.

[12] 马丽娟. 奏响"四部曲"打造语文高效课堂［J］. 新课程导学，2022（17）：83.

[13] 慕容勋，曾苗苗. PISA 视角下语文阅读教学的逻辑及其转化策略［J］. 教

学与管理，2023（15）：94-98.

［14］倪文锦. 聚焦思维学会阅读——关于语文教学守正创新的一点思考［J］. 课程. 教材. 教法，2023，43（2）：75-80.

［15］彭吴佳. 激励性原则在教学中的运用［J］. 小学科学（教师版），2019（1）：139.

［16］宋凯. 语文教学中学生想象力培养路径探寻［J］. 中学语文教学，2022（9）：13-16.

［17］吴方军. 语文教学与情商培养［J］. 中学语文教学参考，2022（9）：38-39.

［18］吴婷婷. 语文教学设计［M］. 西安：西北大学出版社，2021.

［19］闫琳，董蓓菲. 新课标背景下语文课程中华文化认同教学的概念框架与实践路径［J］. 课程. 教材. 教法，2023，43（7）：97-103.

［20］严华银. 论语文教学中思维能力的培养［J］. 中学语文教学，2021（5）：21-26.

［21］杨进明. 语文高效课堂浅谈［J］. 新一代（下半月），2015（5）：185.

［22］姚晓丽. 核心素养视域下语文阅读教学实践［J］. 文理导航（上旬），2024（6）：94.

［23］余虹，邹玲琦. 正—反—合：语文教学中的辩证思维训练［J］. 语文建设，2023（8）：4-8.

［24］袁圆. 优化语文线上教学策略［J］. 中学语文教学参考，2021（16）：11-13.

［25］苑航. 学习语文基础知识的重要性——重视语文基础知识教学［J］. 课外语文（下），2016（4）：27.

［26］翟志峰. 语文学习进阶：特征、价值和教学实施［J］. 语文建设，2023（5）：22-26.

［27］张湘卉. 语体学理论在语文教学中的运用［J］. 中学语文教学参考，2023（12）：57-59.

［28］赵俊. 语文诗性智慧课堂：内涵、诉求及教学策略［J］. 语文建设，2023

（10）：69-72.

［29］赵逸楠. 让语文课堂悦动起来［J］. 语文课内外，2020（32）：80.

［30］周小艳. "积极语用"视域下语文课堂教学实践与思考［J］. 语文建设，2023（2）：32-35.

［31］朱伟. 对语文教学评价差异的反思——以《音乐巨人贝多芬》为例［J］. 语文知识，2011（3）：75.

［32］左岚. 跨学科学习视野下语文卓越教学个案研究［J］. 教育导刊，2023（3）：57-64.